Hildegard Ressel
Die Macht der Gewohnheit

Hildegard Ressel

Die Macht der Gewohnheit

*Von der heilsamen Kraft
unserer täglichen Rituale*

Kreuz

Inhalt

Einleitung 7

Alltagsrituale 11
   Tagesablauf 11
   Kommunikation 22
   Essen 24
   Wohnen 34
   Abend und Freizeit 38

Gesellschafts- und Familienrituale 43
   Entwicklungsbedingte Rituale 43
      Kindheit 43
      Pubertät 45
      Alter 51
   Familiäre Zeremonien 56
      Jahrestage, Jubiläen 56
      Familientraditionen 59
      Besondere Feierlichkeiten 62

Ethnologische und religiöse Rituale 67
   Gebet 70
   Beichte 72
   Wechselgebete 75
   Jahresfeiern 79
   Fasten 86

Heilungsrituale 89
   Aktivierung von Selbstheilungskräften 95

Magische Rituale 107
   Magische Heilungen 107
   Voodoo, Zauber, Schwarze Magie 110
   Hypnose, Suggestion, Affirmationen 114

Bewältigungsrituale 117
   Trauer 117
   Chaos 123
   Angst 128
   Wut 132

Pervertierung von Ritualen 138
   Zwang 138
   Psychose 142
   Übertriebener Kult 147

Bewußter sinngebender Umgang mit Ritualen 150

Literatur 157

Quellennachweis 158

Einleitung

Erinnern Sie sich an das Gefühl, als Sie zum letztenmal lieben Übernachtungsbesuch hatten? Als Sie, wie gewohnt, morgens Ihr Badezimmer aufsuchen wollten, fanden Sie die Tür verschlossen, dafür war anschließend die Zahnpastatube noch offen. Ihr Gast wünschte sich anstatt Kaffee lieber Tee und ein weichgekochtes Ei zum Frühstück, und bis Sie alles zubereitet hatten, hatte Ihre Zeitung ihre Jungfräulichkeit verloren und war in praktische Kapitel unterteilt.

Ihr Gast bat Sie anschließend um einen kleinen Umweg auf dem Weg zu Ihrer Arbeit, um ihn in der Stadt abzusetzen... Spüren Sie das Unbehagen, das Sie beschleicht und das Sie nicht verstehen können, weil Sie sich auf diesen Gast gefreut haben und sowieso nicht kleinlich sind? Die Ursache Ihres Unbehagens ist sicherlich nicht Ihr Gast, sondern die Tatsache, daß Ihr Rhythmus durcheinandergerät.

Jeder von uns hat bestimmte Gewohnheiten ritualisiert, ohne daß ihm dies je bewußt wird. Unter Ritual versteht man das Vorgehen nach einer festgelegten Ordnung, so das Lexikon. Wir benutzen diesen Begriff fast nur noch im Zusammenhang mit bestimmten traditionellen, kollektiven Verhaltensweisen, zum Beispiel im kirchlichen, religiösen Bereich.

Unbewußt scheinen wir aber eine Menge Verhaltensweisen nach einer persönlichen Ordnung festgelegt zu haben und messen dem eine größere Bedeutung bei, als uns klar ist oder wir mit purer Gewohnheit erklären können. Bewußt wird das erst dann, wenn jemand diese Ordnung stört. Eine Gewohnheit wäre leichter zu verändern, während von einem »Ritual« eine gewisse Macht ausgeht.

Besonders empfindlich für derartige Störungen sind wir in Momenten, in denen wir versuchen, Übergänge zu bewältigen, zum Beispiel von der Nacht zum Tag, der vor uns liegt, oder aber vom Tag zur Nacht, beim Wechsel von der Arbeit zur Freizeit oder von Entspannung zur Anspannung. Diese »Wechselfälle« im Alltag sind alle dadurch gekennzeichnet, daß wir einen Bereich verlassen, aufgeben müssen, den nächsten Bereich aber noch nicht begonnen, »im Griff« haben. In diesen Momenten blicken wir innerlich in den Abgrund des Chaos: »…wird heute alles klappen? … komme ich mit meiner Arbeit zurecht? … kann ich mich überhaupt entspannen? …wie lasse ich den Tag hinter mir, um erholsam zu schlafen?« Unsere Rituale scheinen also den Sinn zu haben, diesen Augenblicken des inneren Chaos eine feste äußere Ordnung entgegenzusetzen, an der wir uns festhalten bzw. entlangtasten können.

Hier begegnen wir der Bedeutung, die Rituale in früheren Kulturen hatten. Mit Hilfe von kollektiven und individuellen Riten begegneten frühere Völker Veränderungen, deren Macht sie nicht einschätzen konnten und denen sie sich ausgeliefert fühlten. Dies galt sowohl für Naturereignisse wie den Wechsel der Jahreszeiten, Zeiten der Ernte oder der Dürre, als auch für persönliche Veränderungen wie die Geburt eines Kindes, die Pubertät, das Altern oder den Tod. Der Mensch bekam so von Generation zu Generation ein Gerüst überliefert, das ihm Orientierungsmöglichkeiten bot und ihm eine gewisse Stabilität vermittelte.

Die Wissenschaft, das Begreifen der Zusammenhänge, verdrängte die Mehrzahl der Rituale, indem sie sie als »zwecklos« entlarvte, und selbst die kollektiven Rituale, die noch vollzogen werden, sind für viele sinn- und zweckentleert und entspringen eher traditionellen oder romantischen Ideen.

Zusätzlich haben vor allem die Studentenbewegungen gesellschaftliche Spielregeln in die Ecke der Spießbürgerlichkeit, des Konservatismus verbannt, viele Rituale als scheinheilige, nach außen gezeigte Fassade entlarvt.

Unser Verstand wurde vordergründig durch Erklärungen befriedigt. Wir haben in vielen Bereichen die Macht ergriffen, unsere Furcht gebannt. Doch haben sich die Grenzen menschlicher Angst, des Gefühls der Ohnmacht, offensichtlich nur verschoben. Die Angst ist geblieben, doch die Strategien, die Hilfestellungen, sie zu bewältigen, sind uns verlorengegangen.

So häufen sich Ängste, Befürchtungen, Sorgen, Belastungen an und behindern unsere Energie und Lebensfreude.

Die Verwirrung und Orientierungslosigkeit unserer Zeit nimmt ein erschreckendes Ausmaß an, wie die zunehmende Zahl psychischer Störungen zeigt. Besonders die immer vielfältiger werdenden Formen der Süchte weisen auf die »Sehnsucht« vieler Menschen nach Bewältigungsmöglichkeiten hin.

Wenn wir versuchen, unsere Ängste ins Bewußtsein zu heben, und uns erinnern, daß Rituale – beispielsweise aus den Bereichen der Meditation, der Atem- und Körperübungen, des Gebets – bewußt und sinnerfüllt durchgeführt eine große innere Kraft und Stabilisierung entfalten können, haben wir die Möglichkeit, persönliche, uns gemäße Rituale zu schaffen und zu gestalten und damit psychische Hygiene zu betreiben.

Alltagsrituale

Tagesablauf

Besonders der Morgen ist prädestiniert für ritualisierte Handlungen. Sie vermitteln uns gleich zu Beginn des Tages ein Gefühl der Kontinuität, eine gewisse Sicherheit dafür, daß über Nacht nichts Gravierendes geschehen ist, die Nacht ist »gebannt«.

Schauen wir uns einige Morgenrituale an. Da spielt es eine Rolle, ob wir durch den Partner, das Radio oder den Wecker geweckt werden, ob der erste Gang ins Badezimmer oder zur Kaffeemaschine führt, ob wir noch im Bademantel die Zeitung lesen und frühstücken oder erst, wenn man »vorzeigbar« zurechtgemacht ist.

Die Morgentoilette dient dazu, uns auf die Welt »draußen« vorzubereiten, der Blick in den Spiegel ist häufig der erste Blick mit den Augen der anderen auf unser Gesicht, unseren Körper. Ohne diese eigene Konfrontation mit sich selbst lassen sich die meisten Menschen nur sehr ungern von anderen sehen. So geht es im Badezimmer um viel mehr als um Körperhygiene oder Körperpflege. Hier fällt oft die erste grundlegende Entscheidung über die Stimmung für den Rest des Tages. Wie fühlt sich der Körper an, erholt oder verspannt, was sagt die Waage über das Gewicht, sitzt die Frisur, sieht das Gesicht frisch aus oder faltig, mögen wir die ausgewählte Garderobe?

Ein Großteil dieser gewohnten Handlungen oder Gänge geschieht automatisch, völlig unbewußt, und wir bemerken höchstens voller Erstaunen, wie sehr wir uns durch eine Störung beeinträchtigt fühlen. Dadurch sind diese »Rituale« jedoch sinnentleert, und es wird meist völlig unterschätzt, welche Energie – positive oder negative – dabei entsteht.

Diese Energie setzt sich häufig in alle anderen Lebensbereiche fort und beeinflußt unser Tagesgeschehen.

Wenn morgens »alles stimmt«, verlassen wir schon beschwingt das Haus und sind nicht so leicht aus der Ruhe zu bringen, mißfällt aber schon der erste Blick in den Spiegel, sind wir anfällig für die nächste Störung, und das innere Gleichgewicht ist labil.

Gleichzeitig sind diese Morgenrituale bereits ein Spiegel dafür, wie wir mit uns und der Welt umgehen.

Ist das Aufstehen nicht nur zeitweise, sondern immer mühsam, die Körperpflege lästige Pflichtübung, die Kleidung lieblos, das Frühstück Nebensache, kann man davon ausgehen, daß dieser Mensch nicht mit sich und seiner Welt im Einklang steht, wenn ihm das auch nicht unbedingt bewußt ist. Wenn wir uns diese teilweise ritualisierten Gewohnheiten einmal näher betrachten und erkennen, wie sehr diese »Banalitäten« unsere Lebensqualität beeinflussen, können wir Wege finden, sie bewußter zu erleben und sie wieder ihrem ursprünglichen Sinn zuzuführen. Dieser Sinn könnte im Falle der Morgenrituale darin bestehen, die Nacht (wie immer sie verlaufen sein mag) hinter uns zu lassen, den Tag zu begrüßen, zu uns zu kommen, uns zu sammeln, Energie für den bevorstehenden Tag aufzubauen.

Ein Weg dorthin könnte der Kunst des Zen folgen: das heißt die Dinge, die man gerade tut, bewußt und mit Konzentration zu tun.

Kein Tier käme auf die Idee, von seinem Nachtlager übergangslos aufzuspringen und aktiv zu werden. Erst werden alle Muskeln und Gelenke durch Strecken und Räkeln gelöst und in einen angenehmen Spannungszustand gebracht. Das Tier ist dabei ganz bei der Sache! Es wäre wichtig, daß auch wir beim Erwachen unseren Körper wirklich »beziehen«, bewußt erwachen. Bewußt die Vorhänge aufziehen und das Ende der Nacht, den neuen Tag wahrnehmen. Bewußt das eigene Spiegelbild begrüßen, mit Wohlwollen, ohne Kritik!

Bleiben Sie, sobald Sie erwachen, noch einige Minuten liegen.
Versuchen Sie, Ihrer selbst gewahr zu werden.
Nehmen Sie Ihre Atmung wahr, ohne sie zu beeinflussen.
Stellen Sie sich einige Minuten lang vor, Ihr Atem durchströme Sie bis zu den Fingerspitzen und bis zu den Fußspitzen. Spüren Sie diesem Strömen nach und stellen Sie sich vor, wie Ihr Körper erfrischt und mit Energie versorgt wird.
Dann beginnen Sie, sich zu strecken, zu dehnen, zu räkeln.

Und versuchen Sie schließlich, sich sanft in eine aufrechte Position zu bringen, indem Sie über eine Seite abrollen.

Das morgendliche Aufstehen, wie es routinemäßig von Tausenden – ohne eine Überlegung darauf zu verschwenden – täglich durchgeführt wird, nämlich in der Regel in der direkten Hebebewegung vom Liegen zum Sitzen, stellt bereits eine enorme Belastung der Wirbelsäule, vor allem der empfindlichen Nackenpartie dar, so daß sich bereits hier eine erste Verkrampfung einstellen kann.

Probieren Sie einmal an einigen aufeinanderfolgenden Tagen verschiedene Möglichkeiten des Aufstehens aus und finden Sie heraus, welcher Bewegungsablauf Ihnen dabei am besten bekommt.

Nach dem Aufstehen ist für viele Menschen eine gute Zeit, um durch Übungen ihren Körper in einen angenehmen Spannungszustand zu versetzen und die Gelenkigkeit zu fördern. Leider wird dabei häufig eine bestimmte Abfolge von Übungen absolviert, wie sie die meisten von uns im Laufe ihres Lebens erlernt haben und von denen wir glauben, daß sie der Ertüchtigung bestimmter Muskelgruppen dienen. Dabei wird oft kein Gedanke daran verschwendet, ob diese Übungen unserem individuellen körperlichen Zustand förderlich sind. Wie in so vielen anderen Bereichen haben wir auch in diesem Punkt verlernt, auf unsere inneren Signale zu achten und der Weisheit unseres Körpers zu folgen. Grundsätzlich gilt, daß die Morgenstunden weniger für rasche, schweißtreibende Bewegungen wie Konditions- und Fitneß-Training geeignet sind als für ruhigere Bewegungsabfolgen, die mehr auf den bewußten Wechsel von Muskelanspannung und -entspannung zielen, wie beispielsweise Stretching, Haltungsgymnastik, Yoga, Tai-Chi, Feldenkrais oder ähnliches.

Gleichgültig, welche Übung welcher Methode Sie für sich wählen, versuchen Sie einmal, die einzelnen Bewegungen sehr langsam und bewußt zu vollziehen und sich gut in sich hineinzufühlen. Achten Sie dabei auf Anspannungen in Muskelpartien, die nicht unmittelbar an der Bewegung beteiligt sind, und entspannen Sie sich in der Bewegung soweit wie möglich. Wenn Sie zum Beispiel im Sitzen eine Drehbewegung mit dem Oberkörper nach hinten machen, kann es passieren, daß Sie dabei die Gesäß- oder die Oberschenkelmuskulatur anspannen. Versuchen Sie, sich dessen bewußt zu werden, und entspannen Sie sich. Wiederholen Sie jede Übung einige Male langsam, ruhen Sie sich nach jeder Bewegung kurz aus, und spüren Sie den Unterschied zwischen Bewegung und Bewegungspause. Achten Sie darauf, den Atem ruhig und gleichmäßig fließen zu lassen. Mit so viel Achtsamkeit zu üben bietet eine gute Möglichkeit zu lernen, die Signale des Körpers wahrzunehmen und zu beachten.

Auch das Waschen, Duschen oder Baden kann ein Akt werden, der nicht nur der körperlichen, sondern auch der seelischen Hygiene dient. In einigen Religionen gehören regelmäßige Waschungen zum Glaubensalltag. Unwissende belächeln diese Handlungen oder siedeln sie im Bereich notwendiger hygienischer Maßnahmen in diesem Land an. Tatsächlich dienen sie viel mehr der seelischen Reinigung. Sie bilden regelmäßige Unterbrechungen der Tagesaktivitäten, eine innere Einkehr; Belastungen, »Unreines«, werden im wahrsten Sinne des Wortes abgewaschen. Die Vorstellung der Reinigung wird über den körperlichen Vorgang hinaus auf den seelisch-geistigen Bereich erweitert.

In unserer Kultur ist das Waschen ausschließlich auf Äußerlichkeiten beschränkt. Körper, Wäsche und Wohnung können nicht sauber, »rein« genug sein; innerlich sammeln sich Müllhalden an. Wir wissen nicht, wohin mit unserem Ärger, unseren Ängsten und Zweifeln, unseren Unzufriedenheiten und unserer Unentschlossenheit. Unsere Probleme rauben uns Gelassenheit und Würde.

Würde kann entstehen, wenn man wieder beginnt, etwas zu würdigen: den Körper und die Seele mit ihren Bedürfnissen, aber auch die Dinge, mit denen wir täglich umgehen.

Nutzen Sie Ihre Morgentoilette, um ein persönliches Reinigungsritual zu entwickeln. Finden Sie selbst heraus, wonach Ihnen morgens zumute ist: Waschungen, Bad, Dusche. Gönnen Sie Ihrem

Körper eine lockere Massage, Streicheleinheiten durch Cremes oder Körperöle, einen angenehmen Duft. Geben Sie Ihrem Körper das einzige, was er sonst nie von Ihnen bekommt: die uneingeschränkte Akzeptanz all seiner Möglichkeiten und Gegebenheiten, wie immer sie aussehen mögen.

Wir sind so gewohnt, uns nach gängigen Schönheitsidealen und Maßstäben auszurichten, daß wir jedes Gefühl für unsere individuell stimmigen Körperformen verloren haben. Bereits als Kinder haben wir gelernt, uns den vermeintlichen Erwartungen anderer anzupassen. Dahinter steht der Wunsch, dazuzugehören, akzeptiert und geliebt zu werden. Dieses Streben kann so groß werden, daß die innere Stimme zunehmend ignoriert wird. Nach den Eltern, den Lehrern, den Freunden sind es schließlich die Medien und die Gesellschaftsschicht, der wir angehören, die uns nachhaltig beeinflussen. Wir machen uns abhängig von der Kritik und Bewunderung anderer und versuchen, häufig trotz vieler frustrierender Niederlagen, unseren Körper und gelegentlich unsere gesamte Persönlichkeit wie eine Modelliermasse in eine vorgegebene Form zu pressen.

Dabei vergessen wir, daß unsere persönliche Ausstrahlung von unserer ureigensten Haltung uns selbst gegenüber abhängt: Jemand, der sich mag, wird auch von anderen gemocht; jemand, der sich ablehnt, riskiert Ablehnung.

Erlauben Sie sich also, sich bereits morgens im Bad zu mögen, überwinden Sie Ihre Vorbehalte und Ihre Kritik sich selbst gegenüber. Falls Sie zu den 90% der Menschen gehören, denen das schwerfällt, fragen Sie sich, wer das »Traumbild« in Ihrem Kopf entworfen hat und ob Sie sich wirklich danach richten wollen für den Preis des ständigen Kampfes mit sich selbst.

Jeder Körper hat ein ihm eigenes Gewicht und eine ihm eigene Form, die ihm Funktionsfähigkeit und Gesundheit garantieren. Dieses Gewicht, das sich in der Regel innerhalb empfohlener medizinischer Werte, aber nicht unbedingt innerhalb des gerade gängigen Schönheitsideals bewegt, ist normalerweise leicht zu erreichen und leicht zu erhalten.

Möglicherweise befindet sich Ihr Körper nicht in diesem ausgeglichenen Zustand. Gerade dann sollten Sie nicht versuchen, ihm wie einem Feind gegenüberzustehen und ihn mit aller Gewalt bezwingen zu wollen. Erinnern Sie sich Ihrer Geist-Seele-Körpereinheit und bedenken Sie, daß Ihr Körperzustand immer Ausdruck Ihrer gesamten Verfassung ist. Gehen Sie mit sich um, wie Sie dies mit einem guten Freund tun würden, das heißt, versuchen Sie liebevoll zu erforschen, was Ihr Körper zum Ausdruck bringen will. Jeder Zwang, den Sie auf Ihren Körper gegen dessen Bedürfnisse ausüben wollen, verschlimmert das Problem. Besinnen Sie sich auf Ihre Fähigkeit, die Signale Ihres Körpers zu verstehen.

Auch ein durch Geburt, Unfall oder Krankheit erworbenes größeres körperliches Handicap erlaubt, in dieser Art mit sich umzugehen. Voraussetzung hierfür ist, das ganz persönliche Schicksal annehmen zu können. Dazu gehört die Fähigkeit, einen Verlust ausgiebig zu betrauern und eventuelle Groll- oder Schuldgefühle wieder loszulassen. Bleibende Groll- oder Schuldgefühle verhindern die Integration der Vergangenheit in den persönlichen Lebenslauf. Manchmal kann es nötig sein, sich in einem solchen Prozeß helfen zu lassen. Grundsätzlich geht es nicht um Vollkommenheit, sondern um Vollständigkeit der Persönlichkeit (»auch das gehört zu mir!«), damit eine harmonische Ausstrahlung erreicht werden kann.

Nach dieser Vorbereitung haben Sie gute Möglichkeiten, dem Alltag in ausgeglichener Stimmung zu begegnen. Darüber hinaus können Sie noch einiges mehr tun, um diesen Zustand innerer Balance nicht wieder zu verlieren.

Das heutige Alltagsleben stellt so vielfältige Anforderungen, daß die meisten von uns in einem heillosen Kräfteverschleiß gezwungen sind, ein Arbeitspensum zu bewältigen, das dem persönlichen Energiehaushalt nicht angemessen ist und daher permanent Streß auslöst.

Jedem Menschen ist ein individueller Rhythmus aus Leistungsfähigkeit und Ruhebedürfnis eigen. Neuesten wissenschaftlichen Erkenntnissen zufolge durchläuft dieser Rhythmus in ca. 90–120minütigen Perioden den ganzen Tag, das heißt, jeder Mensch erlebt im Laufe eines Tages wellenförmig Phasen höchster Leistungsfähigkeit (auf- und absteigend ca. 90 Minuten) im Wechsel mit Ruhepausen (ca. 20–30 Minuten). Die Mißachtung dieser Rhythmen führt zunächst zu Streß, dann zu zunehmender Erschöpfung und schließlich zu psychosomatischen Störungen. Anstatt mit Hilfe von Aufputschmitteln wie Kaffee, Tee, Nikotin usw. sich vor allem über das Ruhebedürfnis hinwegzutäuschen, wäre es wichtig, seinen persönlichen Rhythmus wahrzunehmen und ihn zur psychischen und körperlichen Gesunderhaltung zu nutzen. Die meisten Menschen erleben diese Phasen, ohne sich ihrer bewußt zu werden. Sie ertappen sich plötzlich dabei, mit den Gedanken abzuschweifen, sich in Tagträumen zu verlieren, das Bedürfnis zu haben, sich zu strecken und zu gähnen. Viele rufen sich sofort wieder zur Ordnung und bewerten diese Zeichen als mangelnde Konzentrationsfähigkeit.

Der amerikanische Wissenschaftler Ernest Rossi erkannte zum ersten Mal, daß diese Rhythmen mit den Aktivitätsphasen der einzelnen Körperzellen konform gehen. Das heißt, während der Körper nach Erholung sucht, befindet sich die Zelle in einem Stadium höchster Regenerationsaktivität. Nach ca. 20–30 Minuten leitet sie an das Gehirn die Information, daß diese Tätigkeit abgeschlossen ist, und wir können unsere Aufmerksamkeit wieder nach »außen« lenken. Diese sehr einleuchtende Hypothese würde erklären, warum jedes Ignorieren unserer persönlichen Rhythmen den gesamten Organismus schwächt. Viele große Heilslehren, die sich um Gesundheit oder Gesunderhaltung des Menschen bemühen, empfehlen – sicher

aus einer instinktiven ähnlichen Erfahrung heraus –
regelmäßig wiederkehrende Übungsphasen von 20–30
Minuten.

Wie können nun diese Informationen konkret für
den Alltag genutzt werden?

*Auch hier gilt wieder: Werden Sie aufmerksam auf
Ihre innere Stimme, und respektieren Sie die Signale, die Ihnen anzeigen, daß Sie eine Pause nötig haben. Entwickeln Sie Phantasie für Ihr persönliches
Pausenritual. Wichtig dabei ist, daß in der Pause
nichts »getan« wird. Das heißt, überlassen Sie sich
den Bedürfnissen oder inneren Bildern, die unwill-
kürlich in Ihnen auftauchen. Die einzige Vorgabe
ist, daß diese Bilder Erholungswert haben, das heißt
für Sie angenehm sein sollten. Tauchen Sorgen oder
Unerledigtes auf, lenken Sie Ihren Geist sanft wieder auf das angenehme Bild zurück. Alles andere
kann auf die neue Aktivitätsphase warten.*

Ein regelmäßiger Einwand gegen diesen Vorschlag
lautet, daß man es sich nicht erlauben kann oder
Schwierigkeiten bekommt, sich nach diesen Phasen
zu richten. Wahrscheinlich wäre es der Mühe wert,
einmal zu untersuchen, welcher Teil der Arbeitszeit
tatsächlich effizient genutzt wird. Es ist anzunehmen,
daß man zu dem gleichen zeitlichen Ergebnis kommt
mit dem Unterschied, daß nach diesem System auch
die Pausen sinnvoll gestaltet werden können.

Kommunikation

Kommunikation kann nur glücken, wenn bestimmte Regeln des Umgangs miteinander beachtet werden. Dabei geht es weniger um Gesprächstechniken als um Verhaltensweisen, die manche als höfliche Umgangsformen schätzen, andere instinktiv befolgen, um in die rechte Beziehung zu ihrem Gegenüber zu treten. Jede menschliche Gruppierung hat ihre Begrüßungsrituale, ihr hierarchisches Modell, das Ordnungen in den Beziehungen herstellt, ihre Abgrenzungsrituale, wenn größere Distanz gesucht wird, und ihre Abschlußrituale, wenn der Kontakt beendet wird.

Wenn diese Rituale, wie immer sie aussehen mögen, nicht beachtet werden, fühlt der Mensch sich sofort irritiert, bedroht oder beleidigt. Dies kann man auch dort beobachten, wo ein angeblich sehr lockerer Umgang miteinander gepflegt wird, beispielsweise in Betrieben zwischen über- und untergeordneten Mitarbeitern oder auch in Familien oder Schulen. Es entstehen sofort empfindliche Reaktionen, wenn jemand sich »im Ton«, der Kompetenz oder Befugnis vergreift, selbst wenn der Inhalt akzeptabel gewesen wäre.

Diese unsichtbaren rituellen Regeln gelten in jedem zwischenmenschlichen Bereich. Ob wir ein wichtiges privates Gespräch führen wollen, eine geschäftliche Verhandlung, ein Restaurant besuchen oder einen Kauf tätigen wollen, immer ist der Erfolg von dem Erkennen und Beachten ungeschriebener Gesetze abhängig. Das meist unbewußte Einhalten dieser Spielregeln vermittelt dem Menschen die Zugehörigkeit zu seiner Gruppe und deren Regeln sowie die individuelle Bedeutung und Stellung innerhalb dieser Gruppe und damit auch persönliche Orientierung. Dies gilt, sobald Menschen miteinander kommunizieren – von der kleinsten Gruppe (zum Beispiel der Familie) bis zu einem ganzen Volk, dazwischen für jegliche Gruppierung, in die Menschen sich eingliedern, egal ob gesellschaftlich geachtet oder geächtet. Diese Normen schaffen Bezug (»ich gehöre hier dazu/ich gehöre hier nicht dazu«), sowohl zu sich selbst als auch zu dem Gegenüber (»ich erkenne dich als zugehörig/nicht zugehörig«). Gleichzeitig können sie Respekt und Wertschätzung vermitteln, was eine wichtige Voraussetzung für geglückte Kommunikation ist.

Wir würden unser Leben bereichern und erfolgreicher gestalten, wenn diese Regeln wieder bewußte Anwendung finden würden. Der Begrüßungssatz »Wie geht es dir?« könnte von echtem Interesse getragen sein, gleichzeitig könnten tatsächlich verstaubte und wiederholte Floskeln aussortiert werden. Damit würden mehr echter Austausch und lebendige Beziehungen entstehen.

Essen

Ein ebenfalls alltäglicher wichtiger Bereich, der der Erfüllung oder Pervertierung rituellen Handelns dient, ist die tägliche Nahrung. Das Essen erfüllt nicht nur den Zweck, den Körper zu ernähren, auch wenn viele Menschen es darauf reduziert haben. Essen steht auch für Gemeinschaft, Geselligkeit, Feier, Zuwendung, dient aber auch als Trost, Streßminderung, Ersatzbefriedigung oder sogar Sucht.

Zunächst bringt uns Nahrung wieder mit der Natur in Verbindung. Wir kaufen Nahrungsmittel, deren Gedeihen von der Beschaffenheit des Bodens, von klimatischen Bedingungen, von der Arbeit anderer Menschen abhängig ist. Die Auswahl und Zubereitung der Nahrung bedürfen einiger Kenntnisse einerseits über die Zusammensetzung der Nahrungsmittel, andererseits über die Bedürfnisse des Körpers, so daß das Zusammenstellen einer Mahlzeit ein gewisses Maß an Aufmerksamkeit und Hinwendung erfordern würde. Wieviel Zeit dafür geopfert wurde, wirkt sich sofort auf die Befriedigung unserer Bedürfnisse, die über das Stillen des Hungers hinausgehen, aus. Es ist ein Unterschied, ob man sich schnell etwas aus dem Kühlschrank holt, einen Hamburger kauft oder sich zu einem liebevoll vorbereiteten Mahl niederläßt.

Schon in der Bibel werden Mahlzeiten gefeiert, und es gibt keine Feier ohne gemeinsame Mahlzeit. Letzteres ist bis heute weitgehend geblieben, ersteres nehmen wir höchstens noch unbewußt bei einem schönen Essen mit lieben Menschen wahr. Das »schnelle« Essen verkommt zur Nahrungsaufnahme, bei der es, wenn man womöglich noch mit anderen Gedanken beschäftigt ist, nicht mehr so wichtig oder eher lästig ist, sich zu fragen, wo die Lebensmittel herkommen, wie sie behandelt wurden, ob sie uns ernähren oder uns nur sättigen. Obwohl die Medizin ständig auf die große Bedeutung der Ernährung bei den verschiedensten Krankheiten hinweist, vernachlässigen wir in der Hetze des Alltags am schnellsten gerade diesen Bereich. Für Achtsame spürbar, bleibt bei derartiger Nahrungsaufnahme ein leises Gefühl des Unbefriedigtseins zurück, der »psychische« Sättigungspunkt wurde nicht erreicht. Hierin ist einer der Gründe zu sehen, warum regelmäßige Fast-Food- (oder unter Umständen auch sehr schnelle) Esser häufiger und mehr essen als Genießer.

Essen hat für unser persönliches wie auch für unser gesellschaftliches Leben eine große Bedeutung. Eine zunehmend größere Zahl von Menschen in den zivilisierten Ländern leidet an ernährungsbedingten Erkrankungen: Wir essen zu viel, zu fett, zu minderwertig usw. Für Diäten und Schlankheitskuren werden jährlich Millionen ausgegeben. So nimmt für viele die gedankliche Beschäftigung mit dem Essen einen breiten Raum ein, allerdings in erster Linie in Richtung Kalorienzahl, Häufigkeit, Gelüsten und Verboten.

Auch in dieser Beziehung wird mehr nach »außen« als nach »innen« auf die Stimme des Körpers gehört. Um die Hypothese über die Körperrhythmen aufzugreifen: Auch das Hungergefühl tritt im Einklang mit dem Stoffwechselgeschehen normalerweise in relativ regelmäßigen Abständen auf. Weil wir aber nicht gewohnt sind, auf diesen Rhythmus zu achten, zwängen wir uns in ein nach unseren Tagesgegebenheiten aufgestelltes Schema. Dabei wird ein natürliches Hungergefühl häufig übergangen, so daß wir dann, wenn wir uns eine Mahlzeit erlauben, dazu neigen, wahllos und hastig zu essen, ohne dabei ein Gespür für die richtige Menge zu haben. Zudem befinden sich auf den meisten Speisezetteln zu viele raffinierte Kohlehydrate und Einfachzucker, die zu schnell verbrennen und zu einer hohen Insulinausschüttung führen, so daß der Blutzuckerspiegel sich anschließend rasch wieder senkt. Dies hat zur Folge, daß wir nun einem unnatürlichen Hungergefühl nachgeben und außerhalb eines persönlichen Rhythmus zu viel essen oder erneut das Bedürfnis zu essen unterdrücken müssen, was wiederum zu Heißhunger führt. Schon ist der Teufelskreis perfekt, und wir befinden uns einmal mehr in Opposition zu dem, was unserem Körper gemäß wäre.

Da der Energiehaushalt der Zelle und die Nahrungsaufnahme eng miteinander verknüpft sind, wird nachvollziehbar, daß es sinnvoll sein kann, sich auf diesen Rhythmus einzustellen.

Auch hier wieder gilt, zunächst einmal zu beobachten, wann sich im Tagesverlauf Hungergefühle einstellen. Höchstwahrscheinlich wird man feststellen, daß sich diese Zeiten mit dem Wunsch, eine Pause zu machen, decken. Wenn diese Phasen respektiert werden, besteht die Möglichkeit, sich Gedanken darüber zu machen, was man dem Körper zuführen möchte, da sich noch kein unkontrollierbarer Heißhunger angestaut haben dürfte. Versuche mit Kindern und Erwachsenen haben ergeben, daß diese, sobald sie gebeten wurden, ausschließlich auf ihre individuellen Hungergefühle und Gelüste zu achten, ohne Rücksicht auf Essenszeiten, Kalorien und Nährwerte, bei der Auswahl aus den verschiedensten Lebensmitteln bald die Tendenz entwickelten, sich ausgewogen und vollwertig zu ernähren. Außerdem nahm die Geschwindigkeit des Essens ab, so daß insgesamt weniger gegessen wurde. Dabei ist zu berücksichtigen, daß schnelles Essen dem Körper die Möglichkeit nimmt, dem Gehirn rechtzeitig zu signalisieren, wann der Sättigungspunkt erreicht ist.

Die Essensrituale vieler Kulturen scheinen sich unbewußt an den Stoffwechselrhythmen zu orientieren: wie zum Beispiel gemeinsame Essensvorbereitungen, gemeinsame Dank- oder Tischgebete, die Einhaltung einer bestimmten Reihenfolge von Essensgängen und -pausen. Allen gemeinsam dabei ist eine gewisse Hinwendung und Ruhe bei den Mahlzeiten, so daß die gleichzeitige Beschäftigung mit anderen Dingen ausgeschlossen bleibt. Dies nutzen wir auch gelegentlich – viel zu selten – im familiären, gesellschaftlichen und geschäftlichen Bereich. Das gemeinsame Essen lockert auf, entspannt und verbindet, physiologisch betrachtet, alle Teilnehmer durch dieselben körperlichen Bedürfnisse und Empfindungen. So kann man häufig beobachten, daß sich auch nach konträren Diskussionen wieder eine Beruhigung und Annäherung einstellen.

Versuchen Sie, diese Erkenntnisse für sich persönlich in Ihrem Alltag zu nutzen. Vertrauen Sie Ihrem Körper und seinen Signalen. Verwenden Sie ein bißchen Zeit darauf, sich Gedanken über Ihre Ernährung zu machen. Sobald Sie beobachtet haben, wie oft sich bei Ihnen ein Hungergefühl einstellt (erfahrungsgemäß ca. fünfmal am Tag), überlegen Sie, wie Sie sich ernähren können, ohne sich zu belasten. Egal wie viel oder wie wenig Sie bei den einzelnen Gelegenheiten zu sich nehmen wollen, respektieren Sie die Bedürfnisse Ihres Körpers (und Ihrer Seele), und erschaffen Sie Ihr persönliches Eßritual. Dies könnte so aussehen, daß Sie sich Zeit nehmen und vorab entscheiden, was und wie Sie essen wollen, sich darauf vorbereiten, einen besonderen Platz einnehmen und für diese Zeit Ihren Alltag vergessen. Bei dieser Art persönlicher Zuwendung zu sich selbst haben Sie gute Chancen, ein gesundes und ausgewogenes Eßverhalten zu entwickeln.

Viele Menschen haben die Angewohnheit, sich mit Hilfe von Essen über psychische Probleme hinwegzutäuschen. Streß, permanente Überforderung und zunehmende Erschöpfung führen häufig zu ständigem Naschen, ungeachtet jeglicher Hungergefühle, um eine psychische Entspannung zu erreichen. Gewichtsprobleme und Schuldgefühle sind die Folge.

Der psychische Sättigungspunkt, das heißt die Befriedigung oraler Bedürfnisse, ist von besonderer Bedeutung bei gestörtem oder krankhaftem Eßverhalten.

Bei Eßstörungen, wie zum Beispiel der Freßsucht oder der Bulimie, wird dieser Punkt der psychischen Sättigung nicht erreicht, so daß während der Freßanfälle versucht wird, durch Unmengen von Nahrungsmitteln zu einem Gefühl der Befriedigung zu gelangen. Die innere Leere gerät dabei zu einem Faß ohne Boden. Die Erkrankten nutzen Essen dabei als Symbol der Liebe, Zuneigung und Zuwendung, also für all das, was orale Befriedigung in der frühen Kindheit ausmachte und wovon sie in der Regel zu wenig bekommen haben.

Für unser Thema soll es hier weniger um psychoanalytische Betrachtungen von Eßstörungen gehen als vielmehr um den rituellen Charakter der Handlungen, von dem die Patienten im Zusammenhang mit ihrer Krankheit erzählen.

Fast alle Betroffenen berichten, daß sie ihre Eßanfälle vorbereiten. Der Gang zum Supermarkt, das Zubereiten einer Lieblingsmahlzeit, das Gestalten eines bestimmten Platzes. Mit dem Beginn der Mahlzeit scheint sich eine Art Trance einzustellen. Es sei unmöglich, sich klarzumachen, was gerade geschieht; das Interesse beschränke sich völlig auf die Nahrungsaufnahme. Erst nach Beendigung der Freßanfälle sei es wieder möglich zu denken, worauf sich Ärger und Scham, Schuld- und Versagensgefühle einstellen. Hier begegnen wir einem Ablauf und einer gewissen

Macht, die uns an rituelle Handlungen erinnern. Wenn wir die Schilderungen von Patienten untersuchen, können wir feststellen, daß nahezu jeder Freßanfall eine Vorgeschichte hat, auch wenn dies den Betroffenen häufig nicht klar ist bzw. erst in der Therapie bewußt wird.

Der Ärger mit dem Vorgesetzten, mit Kollegen oder dem Partner, ein verletzendes Mißverständnis, eine reale oder eingebildete Zurückweisung oder Ablehnung – der Mensch, der nicht in einem stabilen Selbstwertgefühl gegründet ist und mit Eßstörungen reagiert, hat keine Möglichkeit, diese negativen Gefühle aus sich selbst heraus adäquat zu regulieren. Empfindungen von Ärger, Trauer und Furcht werden als so verwirrend und bedrohlich erlebt, daß sie mittels des gestörten Eßverhaltens abgewehrt werden müssen. »Wenn es mir gelingt, dieses innere Loch zu stopfen, werde ich mich besser fühlen.«

Während ein bewußt eingesetztes Ritual eine Verbindung zwischen alter und neuer Ordnung schaffen soll, also eine Wandlung zuläßt, dient dieses rituelle Handeln ausschließlich zur Abwehr beängstigender negativer Gefühle und verfehlt damit seinen ursprünglichen Zweck.

Ein geglücktes Ritual würde die negativen Gefühle aufgreifen und würdigen und damit den Keim zur Wandlung freisetzen.

Gerda bemerkte während ihrer Therapie, daß ihre Freßanfälle immer im Zusammenhang mit dem Gefühl des Zurückgewiesenwerdens durch eine männliche Bezugs- oder Autoritätsperson standen. Dies erinnerte sie an ihre Gefühle, als sie acht Jahre alt war, an den Zeitpunkt, als ihr geliebter Vater die Familie verließ und sie hilflos zusehen mußte, wie er eine neue Familie gründete und einer neuen Tochter all die Zuneigung zukommen ließ, die sie so schmerzlich vermißte. Damals hatte sie keine andere Wahl, als ihrem Schmerz und ihrer Trauer auszuweichen und ihre Sehnsucht mit Süßigkeiten zu stillen.

Später gab sie sich Männern gegenüber unabhängig, sie wollte sich nicht mehr berühren und nicht mehr verletzen lassen. Geschah dies dennoch, suchte sie Halt in ihren Ritualen, »um ihre Angst und ihre Trauer zu bannen«.

Obwohl diese vereinfachte Darstellung eines komplexen Vorganges einen anderen Eindruck erweckt, dauerte es viele Sitzungen, bis sich Gerda der Ursachen ihrer Freßanfälle bewußt wurde und bis sie es wagte, die damit verbundenen Gefühle zu mobilisieren und zu erleben. Um auf dem Weg ihrer Gesundung ihren neuen schmerzlichen Gefühlen nicht hilflos ausgeliefert zu sein, entwickelten wir ein Ersatzritual. Immer, wenn sie der Impuls zu essen überkam, sollte sich Gerda an den Platz setzen, an dem sie sonst ihre Mahlzeiten einnahm, und eine schwierige Begebenheit des Tages oder aus ihrer Vergangenheit zusammen mit den entsprechenden Gefühlen aufschreiben und anschließend den Zettel feierlich oder genüßlich über einer großen Schale mit Sand verbrennen.

Nach Beendigung der Therapie verteilte sie dieses Sand-Asche-Gemisch über die Erde ihrer Pflanzen, was diesen zu ihrer Freude einen fruchtbaren Schub gab.

Falls Gewichtsprobleme nicht durch das Befolgen eines falschen Schönheitsideals, schlechte Angewohnheiten oder Streß, sondern durch massivere psychische Probleme entstanden sind, sind sie ohne Berücksichtigung dieser Komponente nahezu allen Einwirkungsmöglichkeiten (Diät, Sport, Schlankheitsmittel) gegenüber resistent. Hieraus wird verständlich, warum die seit Jahrzehnten ständig wechselnden Diätvorschriften insgesamt so wenig Erfolge vorweisen können. Wenn der Körper sein persönlich günstigstes Gewicht hat und dies lediglich nicht akzeptiert wird, reagiert er kaum auf Diät bzw. trachtet danach, anschließend so schnell wie möglich »sein« Gewicht wiederherzustellen; wenn der Körper aus einem psychischen Problem heraus übergewichtig ist, reagiert er ebenfalls kaum auf Diät, weil das Gewicht einen Ersatz für das Defizit in einem wichtigen psychischen Bereich darstellt. Das heißt, wenn ein Mensch nach Liebe »hungert«, die er nicht bekommt, und sich statt dessen mit erreichbaren Nahrungsmitteln tröstet, wird es ihm schwerfallen, darauf auch noch zu verzichten.

Seit jüngster Zeit weiß man, daß häufige Diätversuche in puncto Gewicht ein Problem mehr schaffen. Während des Einhaltens einer Diät reduziert der Körper seinen Grundumsatz, das heißt, er lernt, bei gleichbleibender Funktion mit weniger auszukommen. Dadurch kann bei Beenden der Diät jede normale Nahrungsaufnahme zu einer Gewichtszunahme führen. Wird daraufhin eine neue Diät ins Auge gefaßt, kann ein Teufelskreis entstehen, in dem ein Mensch ständig mit seinem Gewicht kämpft, der Körper gleichzeitig im Grunde aber mit wichtigen Nährstoffen unterversorgt ist.

Die einzige erfolgreiche Gewichtsregulierung scheint daher nur sehr langfristig über das Berücksichtigen der persönlichen Gegebenheiten, durch Beschäftigung mit einer sinnvollen Ernährung und das Wahrnehmen des eigenen Rhythmus möglich zu sein.

Wenn man sich seinen Gewichtsproblemen von dieser Perspektive aus nähert, kann es passieren, daß man überhaupt erst darauf stößt, daß sie durch ein psychisches Problem begründet sein könnten. Sich dem zu stellen kann unter Umständen sehr schmerzlich sein und erfordert Mut.

Dies gilt übrigens immer, wenn wir uns einem Lebensbereich über den rituellen Weg nähern. Der ursprüngliche Sinn der Rituale war das Wahrnehmen und Würdigen der Gegensätze und aller damit verbundenen Gefühle, auch der negativen. Das Ritual half dabei, sich dem zu stellen. Es erforderte ein Innehalten und ein genaues Hinschauen auf das, was nicht in Ordnung ist oder Schwierigkeiten macht.

Konkret bedeutet das: Wenn wir uns auf diesen Weg besinnen, riskieren wir mit jedem Innehalten und Wahrnehmen, mit unangenehmen Gefühlen konfrontiert zu werden. Solange wir den tiefen Sinn von Ritualen nicht verstanden haben und auch keine anderen Bewältigungsmöglichkeiten kennen, werden wir dies unter Umständen lieber vermeiden. Dazu dienen uns in unserem modernen Leben Hast und Hektik. Wer sich keine Zeit mehr läßt, innere Ruhe zu finden, gerät auch nicht in Gefahr, negativen Gefühlen zu begegnen. Dies ist bei vielen die Funktion der alltäglichen Hetze. Der Preis dafür ist, daß häufig nicht nur die unangenehmen Gefühle vermieden werden, sondern auch wirkliche Lebensfreude und innerer Frieden verlorengehen.

Wohnen

Viele Kulturen pflegen in ihren Haushalten bestimmte Traditionen, die dazu dienen, das Leben zu würdigen.

Die Japaner zum Beispiel gestalten eine Ecke, in der drei Gegenstände verschiedener Elemente angeordnet werden, zum Beispiel ein Zweig, ein Stein, eine Schale mit Wasser; dies bedeutet eine symbolische Würdigung der Lebenselemente.

Andere Völker haben ihre Hausaltäre. Der Mensch, der vor sie hintritt, findet wieder einen Bezugsrahmen zwischen sich und der Natur, zur Umwelt, die ihn umgibt. Die eigenen Probleme relativieren sich, erhalten die angemessenen Proportionen zurück. Der Mensch wird wieder Teil eines übergeordneten Systems, fügt sich als Wesen in die Natur ein, begreift seine Abhängigkeit von ihr.

So betrachtet gewinnt auch die Gestaltung unserer Umgebung an Bedeutung, sowohl im Wohnbereich als auch am Arbeitsplatz. Viele Menschen haben zu Hause ihre Lieblingsplätze, auf die sie sich zurückziehen, wenn sie Entspannung und Erholung suchen oder ein Problem in Ruhe überdenken wollen.

Auch am Arbeitsplatz hat fast jeder seine persönliche Ordnung oder sein persönliches Chaos, sein System, das er nur ungern von anderen durcheinanderbringen läßt. Es lohnt sich, darüber nachzudenken, was einem in der nächsten Umgebung guttut, was einem zu angenehmen Gedanken oder zur Sammlung verhilft oder was einen ablenkt und unruhig macht.

Das Wohnen ist dem Menschen ein elementares Anliegen, da es als Schutzfunktion für seine lebensbedingenden Bedürfnisse gilt. Das Wort »Wohnen« selbst entspricht dem altgotischen Wortsinn »wunian«, nämlich »zufrieden sein«.

Das »Wohnerlebnis« entspringt dem sozio-emotionalen Bereich. Er bedingt spezielle Erlebnisweisen, die den Bewohner dazu veranlassen, so und nicht anders, also nach seiner individuellen Art zu wohnen, so und nicht anders seine Wohnung zu erleben. Beim Wohnerlebnis handelt es sich um eine Wechselwirkung von psychischen und sozialen Faktoren wie etwa Moral, Einstellung zur Zukunft, Teilnahme am sozialen Leben, sozialer Status, individuelle Freizügigkeit, Familienstruktur und Mobilität. Farben beeinflussen den Raumeindruck sehr stark, sie können

Ursache für die verschiedensten Empfindungen, ein Gefühl der Unruhe, der Beengung oder auch der Weite und Gelassenheit sein. Dasselbe gilt für den Lichteinfall bzw. die Beleuchtung in einem Raum.

Die Wirkung eines Raumes wird weitgehend davon bestimmt, in welchem Maße sich die Persönlichkeit des Bewohners in ihm spiegelt. So wird die Welt, die uns täglich umgibt, zwar von uns geprägt, sie prägt uns aber ihrerseits wieder.

> *»Wir sind Sklaven der Gegenstände und erscheinen gering oder bedeutend, je nachdem uns diese zusammenziehen oder zu freier Ausdehnung Raum schaffen«* (Goethe).

Es lohnt sich also, seinen Wohnbereich zum Refugium werden zu lassen.

Wenn Sie zu Hause sind, unterbrechen Sie Ihre Lektüre, und sehen Sie sich in Ihrer Umgebung um. Werden Sie sich dessen bewußt, welche Wirkung die Möbel, Farben, Gegenstände auf Sie ausüben. Fragen Sie sich, welche Dinge Ihnen wirklich wichtig sind und Ihnen guttun und welche lediglich einen Kompromiß darstellen oder auf Prestigezuwachs ausgerichtet sind, ohne daß sie Ihnen wirklich gefallen. Schließen Sie Ihre Augen und stellen Sie sich vor, wie Ihr Wohnraum aussehen müßte, daß Sie sich darin vorbehaltlos wohl fühlen könnten. Glauben Sie nicht, daß dies nur eine Frage des Geldes ist. Malen Sie sich dieses Bild so de-

tailliert wie möglich aus, dann öffnen Sie die Augen wieder und sehen sich noch einmal um. Ist Ihre persönliche Umgebung Ihren Bedürfnissen angepaßt, oder haben Sie sich Ihrer Möblierung untergeordnet?

Schaffen Sie in Ihrer Wohnung Bereiche, die Ihnen zur Entspannung und Meditation dienen können. Entdecken Sie für sich einen Brauch ähnlich dem eingangs erwähnten Beispiel der Japaner. Bringen Sie aus der Natur Zweige, Blüten, Früchte, Steine – entsprechend der Jahreszeit und Ihrer Stimmung – als wechselnde Dekoration mit nach Hause, und entwickeln Sie dadurch ein neues Bewußtsein für die Natur. Umgeben Sie sich an Ihrem Ruheplatz mit Dingen, die angenehme Gefühle und Erinnerungen in Ihnen auslösen. Ein negativ aufregendes Buch auf Ihrem Nachttisch kann bereits Ihre Schlafqualität herabsetzen. Sie können die Farben, Materialien, Bilder und Gegenstände, mit denen Sie Ihren persönlichen Bereich gestalten und die Ihnen täglich begegnen, nicht sorgfältig genug auswählen.

Ein von einem amerikanischen Arzt auf der Grundlage der Lehre der chinesischen Akupunktur entwickeltes System von Muskeltests, das bei uns allerdings eher im Bereich der experimentellen Medizin angesiedelt ist, zeigt sehr eindrücklich, wie uns bereits durch visuelle Wahrnehmung ausgelöste Emotionen stärken oder schwächen können.

Abend und Freizeit

Unser Alltag ist voll von regelmäßig wiederkehrenden »lieben« Gewohnheiten, die einen rituellen Charakter angenommen haben. Ob vertraute Wege gegangen werden, die Arbeit nach einem bestimmten Muster begonnen wird, immer hilft ein gewisser Automatismus dabei, mit den Dingen umzugehen, ohne groß darüber nachdenken zu müssen oder ohne zu riskieren, daß Ungewohntes uns beunruhigt. Regelmäßige Wiederholungen scheinen einen stabilisierenden Faktor für die Psyche des Menschen darzustellen. Durch die Wiederholung wird das »einmal Dagewesene« zur Erfahrung und trägt damit dazu bei, die Identität, das persönliche Erfahrungsspektrum eines Menschen zu formen.

Der Übergang von der Arbeit zur Freizeit ist erfahrungsgemäß für viele Menschen besonders kritisch. Der Arbeitstag ist noch nicht verdaut, die Gedanken sind noch rückwirkend mit Ereignissen der vergangenen Stunden beschäftigt, gleichzeitig entsteht langsam der vage Wunsch, abschalten und entspannen zu können, die freie Zeit sinnvoll zu nutzen. Diese »Zwiespältigkeit« prädestiniert besonders dafür, sich an festgelegten Gewohnheiten zu orientieren.

Der vertraute Heimweg, die gewohnten Handgriffe, sobald man zu Hause eingetroffen ist, sei es das Wechseln der Kleidung, der Gang zum Kühlschrank oder ins Badezimmer oder auch der Druck auf die

Fernbedienung des Fernsehers oder der Musikanlage: Diese Handlungen geschehen für die meisten völlig automatisch, und lediglich Störungen werden als unangenehm registriert. Im Grunde genommen sind dies alles unbewußte Rituale, die dazu dienen sollen, den Tag zu verarbeiten und Abstand zu finden. Dadurch, daß dieser Sinn in der Regel nicht erkannt wird, haben weder der Betroffene noch seine Angehörigen die Möglichkeit, dies zu verstehen und zu akzeptieren. So führen die mehr oder weniger skurrilen Angewohnheiten häufig zu Ärger und Mißverständnissen.

Das unbewußte Ritual, dessen Zweck einem nicht klar wird, führt nur selten zu dem gewünschten Ergebnis, nämlich die Erholung und Entspannung zu finden, die man nötig hätte, so daß der Feierabend eher unbefriedigend verläuft und zu Resignation führt.

Andere wollen genau dies krampfhaft vermeiden und verfahren mit ihrer Freizeit genauso wie mit ihrer Arbeitszeit: gnadenlos durchorganisiert und unter Leistungsdruck.

Worauf es auch hier wieder ankommt ist, genau zu erforschen, was einem guttut, und dies mit Bewußtsein durchzuführen. Versuchen Sie, Ihre Arbeit hinter sich zu lassen und auch innerlich »zurückzukehren«. Verschaffen Sie sich einen Moment der Ruhe, in dem Sie bewußt die Beschäftigung mit dem Tagesgeschehen beenden und zu sich finden. Überlegen Sie, was Ihnen dabei behilflich sein kann: ein

Bad, eine Tasse Tee, ein kleiner Spaziergang, ein gutes Gespräch.

Der späte Nachmittag oder frühe Abend ist noch einmal gut geeignet, etwas für Ihren Körper zu tun. Wenn Sie mögen, darf es diesmal etwas mit Tempo sein, was Ihrer Kondition oder Ihrem Kreislauf nützt. Dadurch werden die körpereigenen »Glückshormone«, die sogenannten Endorphine, angeregt, so daß es leichter fällt, entspannt in den Abend zu gehen. Lassen Sie sich dabei jedoch nicht von der gängigen Vorstellung der Freizeitgestaltung leiten, sondern spüren Sie, was Sie wirklich wollen. Wenn Ihnen manchmal danach zumute ist, gar nichts zu tun oder sich mit einem Buch zurückzuziehen, geben Sie dem nach.

Machen Sie es sich zur Gewohnheit, sich abends etwas Zeit zu reservieren, um einen Ausgleich zu Ihrer Tagestätigkeit zu schaffen: Wenn Sie viel sitzen, bewegen Sie sich; wenn Sie viel stehen müssen, legen Sie die Beine hoch. Wenn Sie in erster Linie geistig arbeiten, wenden Sie sich Ihrem Körper zu; wenn Sie körperlich arbeiten müssen, besinnen Sie sich auf Ihre geistigen Fähigkeiten.

Dies alles kann Ihnen dazu dienen, auch immer wieder für Ihre innere Ausgeglichenheit zu sorgen, so daß Sie sich anschließend entspannt Ihrer Familie oder Ihren Freunden zuwenden können.

Absolvieren Sie Ihre Abendtoilette vor dem Schlafengehen ebenso bewußt wie Ihre Morgentoilette.

Beschließen Sie den Tag mit einer Entspannungsübung, einem Gebet oder einer Meditation. Beto-

nen Sie dabei das Danken für alles, was gut ist in Ih-
rem Leben, und achten Sie auf eine positive Formu-
lierung Ihrer Gedanken.

Für das Freizeitverhalten scheinen zunehmend dieselben Regeln zu gelten wie für das Arbeitsleben. Für
viele liegt die Hauptbetonung auf der Erbringung von
Leistung und dem Erreichen bestimmter Ziele. Laut
Victor Frankl ist unsere Gesellschaft immer mehr auf
schnellen Lust- und Machtgewinn aus, die Hingabe
an eine Sache, die eigentlich Sinn vermitteln würde,
bleibt immer mehr auf der Strecke. Die Umgehung
dieser Hingabe und das Erreichen eines Ziels als
Selbstzweck lassen das Empfinden von Sinn in der
Freizeitbeschäftigung oft immer mehr in den Hintergrund treten. Weil dies aber auch schon in der Ar-
beitswelt so geschieht, wo es häufig nur noch um Erfolg, Macht und Geld geht, wird unser Bedürfnis, uns
in einem sinnvollen Tun zu erleben, immer mehr fru-
striert. Anstatt innezuhalten und sich wieder auf den
Weg zu besinnen, stecken sich viele immer neue, noch
höhere Ziele, setzen sich so auch noch in ihrer Erho-
lungszeit unter Druck und gestalten das gesamte Freizeitverhalten immer skurriler. Um sich dieser inneren
Leere, die mangels Sinnempfindung entsteht, nicht
bewußt werden zu müssen, werden immer größere,
oft auch gefährlichere extreme Herausforderungen
gesucht: extreme Klettertouren oder Expeditionen,
extremer Wassersport, extremer Leistungssport, aber
auch die Überwindung normalerweise Angst auslö-
sender Grenzen wie Bungee-Springen, River-Rafting,

Überlebenstraining. Ähnliche Tendenzen findet man auch bei einer bestimmten Art zu reisen, wenn es nicht darum geht, Land und Leute zu spüren und zu erleben, sondern möglichst viele Ziele und Sehenswürdigkeiten in kürzester Zeit anzusammeln.

Gesellschafts- und Familienrituale

Entwicklungsbedingte Rituale

Kindheit

Die Meister selbsterfundener Rituale sind zweifellos kleine Kinder. Alle, die mit Kleinkindern zu tun haben, wissen, daß Kinder im allgemeinen nicht die Abwechslung lieben, sondern die Wiederholung. Vor allem morgens und abends ist Kindern ihr gewohnter regelmäßiger Ablauf am liebsten. Das morgendliche Trödeln, immer derselbe Umstand beim Anziehen, das unterbrochene Frühstück, alles das, was vor allem berufstätige Mütter so nervt, gibt dem Kleinkind die Sicherheit, sich allmählich auf den unbekannten Tag einzulassen – »es ist alles wie gestern«.

Auch im Tagesverlauf bestehen Kinder auf einer Vielzahl von Wiederholungen. Derselbe Weg in den Kindergarten, derselbe Spielplatz, dieselbe Anordnung der Plüschtiere, die gleiche Schmusedecke zum Trost oder bei Müdigkeit. Besonders abends muß das Abschiednehmen vom Tag und das Alleinbleiben in der Dunkelheit nach strengen Regeln absolviert werden. Jede Mutter kennt die zu erwartende Katastrophe, wenn der Teddybär bei der Großmutter vergessen wurde, das Lieblingskissen in der Wäsche ist oder die Gutenachtgeschichte ausnahmsweise ausfallen soll.

Betrachten wir die Situationen, in denen Kinder am vehementesten auf vertrauten Verhaltensmustern bestehen, genauer, so können wir feststellen, daß es sich um Momente handelt, die aus dem magischen Weltbild des Kleinkindes heraus als unsicher oder bedrohlich empfunden werden müssen. Das Kleinkind sucht somit auch Strategien, seine Angst zu mildern, Sicherheit zu finden und sich geborgen zu fühlen. Sobald die Wiederholung zur Erfahrung und damit selbstverständlich geworden ist, wird das rituelle Handeln häufig aufgegeben bzw. auf einen anderen Bereich verlagert. So erweitert das Kind nach und nach seinen Lebensraum und seinen Überblick, ohne in seiner Orientierungsmöglichkeit überfordert zu sein.

Respektieren Sie Versuche Ihres Kindes, mit seinen Unsicherheiten und Ängsten umzugehen. Kinder sind sehr kreativ und sehr instinktsicher, was ihre »Überlebensstrategien« betrifft. Die größte Schwierigkeit, mit der sie dabei zu kämpfen haben, sind die wohlmeinenden Versuche Erwachsener, ihnen ihre Gefühle auszureden: »Du brauchst keine Angst zu haben; wer wird denn da traurig sein ...« usw. Kinder werden dadurch in der Wahrnehmung ihrer Gefühle verunsichert, »scheinbar ist es nicht in Ordnung, Angst, Trauer, Wut etc. zu spüren, womöglich stimmt mit mir etwas nicht«, so daß sie lernen, in

Zukunft ihre Gefühle für sich zu behalten und sich damit einsam zu fühlen.

Nehmen Sie seine Empfindungen ernst: »Manch- mal hat man wirklich Angst (...ist man traurig); ich habe auch manchmal Angst (...bin traurig) ...« usw. und unterstützen Sie es sowohl beim Aus- druck seiner Gefühle (darüber reden, ein Bild ma- len, die Wut »austoben«) als auch bei der Suche nach Lösungsmöglichkeiten (»was könntest du/ könnten wir denn tun, damit du dich wieder besser fühlst«). Auf diese Weise stärken Sie das Selbst-be- wußt-Sein Ihres Kindes, und es lernt, sich anzu- nehmen und freundlich mit sich selbst umzugehen, was den allermeisten Erwachsenen fremd ist.

Da Kinder die Fehlbarkeit ihrer Eltern sehr schnell erkennen, ist es sehr wertvoll, wenn man sie auf ei- ne Instanz verweisen kann, die auch den Eltern übergeordnet ist und mehr Macht besitzt: Wenn Sie mögen und können, erzählen Sie Ihrem Kind von seinem Schutzengel; diese Vorstellung paßt sehr gut in sein magisches Weltbild und kann einen echten Trost bedeuten.

Pubertät

Jugendliche haben eine der schwierigsten Phasen menschlichen Lebens zu bewältigen: den Übergang von der Kindheit zum Erwachsenenleben. Diese Lebensphase ist gekennzeichnet von extremen, sehr ambivalenten Gefühlen und der dazugehörigen

Labilität. Schon 1958 schreibt Anna Freud über diese Zeit (Zitat aus »Psychologie heute«, Januar 1994, Seite 36):

> »*Unberechenbarkeit und Unverläßlichkeit gehören meiner Ansicht nach zum Bild des normalen Jugendlichen. Während der Dauer der Pubertät kann der Jugendliche nicht anders: Er wehrt seine Triebregungen ab, gibt ihnen aber auch nach, er vollbringt Wunder an Selbstbeherrschung, ist aber auch ein Spielball seiner Gefühle; er liebt seine Eltern und haßt sie zugleich; er ist gleichzeitig in voller Revolte und voller Abhängigkeit; er will nichts von seiner Mutter wissen, sucht sie aber unvermittelt zu vertraulichen Aussprachen; er ist bereit, sich selbst aufzugeben und anderen hörig zu werden, sucht aber gleichzeitig seine eigene Identität … Zu jeder anderen Lebenszeit würden innere Widersprüche dieser Art Symptome eines krankhaften Zustandes sein. In der Pubertät sind sie nicht mehr als ein Hinweis darauf, daß das Ich nach Lösungen sucht, sie aufnimmt und wieder verwirft.*«

Für den Jugendlichen zerbricht die vertraute Ordnung seiner Kindheit, während das Selbstverständnis und die neue Ordnung seiner Erwachsenenrolle noch nicht in Sicht sind und er häufig Zweifel hat, sie überhaupt zu finden.

Er fällt in eine Kluft aus Chaos und Widersprüchen, aus Versuch und Irrtum. Meistens weiß der junge Mensch nur eines ganz genau, nämlich das, was er am grauen Alltag der Erwachsenen wahrnimmt, auf jeden Fall nicht zu wollen, ohne eine Idee für eine brauchbare Alternative zu haben. Er möchte vorwärts, ohne zu wissen wohin, und sehnt sich gleichzeitig nach der Geborgenheit, wie immer sie ausgesehen haben mag, nach seiner Kindheit zurück. Er spürt, dorthin kann er nicht mehr zurück, er muß diesen Teil seines Lebens, die verhaßte und erwünschte Abhängigkeit zurücklassen. Symbolisch betrachtet kommt dieser Abschied einem kleinen Tod nah, das alte Leben paßt nicht mehr, also kann ich so nicht weiterleben. Hier ist sicher der Grund zu finden, warum Jugendliche sich so häufig mit Todesgedanken bis hin zur Todessehnsucht beschäftigen. Bei entsprechend komplizierten Lebensumständen kommt es leider immer wieder vor, daß Jugendliche dieses Loslassen-Müssen mit einem realen Sterben-Müssen verwechseln und in Selbstmordgefahr geraten.

Tatsächlich tut der Mensch sich immer schwer, Chaos auszuhalten. Da Chaos jedoch jeder Neuschöpfung vorausgeht, ist es das Hauptmerkmal von Übergangsphasen, wie sie uns auch im späteren Leben noch öfters begegnen. Immer, wenn eine alte Ordnung aufgegeben werden muß und die neue noch nicht greifbar ist, entstehen vorübergehend Verwirrung und Orientierungslosigkeit.

Der Jugendliche hat am wenigsten Übung und damit Erfahrung mit diesen widersprüchlichen Gefühlen und Gedanken und ist deshalb anfällig für den Zustand, den der Volksmund mit »himmelhoch jauchzend, zu Tode betrübt« umschreibt. In unserer

Gesellschaft fehlen, nachdem diese Begriffe durch historische Ereignisse einen schalen Beigeschmack bekommen haben, Mentoren, Meister, alte Weise und Riten, die dem jungen Menschen Orientierung bieten und ihn in seinem Individualisierungsprozeß unterstützen können. So sucht jeder Jugendliche mehr oder weniger mühsam für sich allein seinen Weg, wobei er auf der Hut sein muß, daß seine Suche nicht zu Sucht und neuer Abhängigkeit gerät. Unterstützung findet er meistens nur bei Gleichaltrigen und Gleichgesinnten, mit denen er sich in dem Wunsch nach Individualität und Abgrenzung häufig zu Gruppen zusammenschließt, deren Regeln und Konformität nicht strenger sein könnten. Hier werden dann unbewußt und verschoben gemeinsame Rituale praktiziert, die dem Jugendlichen helfen, mit seiner einsamen Angst fertig zu werden und ein Gefühl von Zugehörigkeit auch außerhalb der gesellschaftlichen Norm zu finden. Die einzelnen Gruppen bevorzugen dann oft einen gemeinsamen Stil von Kleidung und Haartracht, von Ausdrucksweise und Umgangsformen, von Musik und Tanzstil. Bei entsprechenden Veranstaltungen fühlt man sich gelegentlich an rituelle Tänze von Urvölkern erinnert, wenn Jugendliche sich bei Dunst, Lichtgeflacker und dem stampfenden Rhythmus der Musik in eine Art entlastende Trance tanzen.

In anderen Kulturen war und ist die Aufnahme des jungen Menschen in die Gemeinschaft der Erwachsenen ein gesellschaftliches Ereignis. Sogenannte Initiationsrituale, bestehend aus Festen, Zusammenkünften, Besinnungszeiten, Opfern und unserer

Mentalität nach sinnlos und grausam erscheinenden Praktiken, sollen dem Jugendlichen dabei helfen, bewußt und aktiv von seiner Kindheit Abschied zu nehmen, sich in einer Übergangszeit zu bewähren und sich schließlich in seine neue Rolle einzufinden.

Auch in Mythen und Märchen erfahren wir von Bewährungsproben und Aufgaben, die in Übergangsphasen zu bewältigen sind, um zu einer Reifung und Weiterentwicklung zu kommen. Jugendliche wollen sich erproben und erfahren, wollen ihre expansiven Möglichkeiten und ihre Grenzen kennenlernen. Wenn die Familie oder die Gesellschaft ihnen dazu keine Möglichkeit gibt, suchen sie oft nicht ganz ungefährliche Herausforderungen, um sich dennoch zu spüren und zu beweisen.

Die Pubertät kann, wie jede Übergangsphase, für den Jugendlichen, aber auch für seine Familie und sogar die Gesellschaft eine große Chance bedeuten. Wenn man Jugendliche nicht nach manch einer »Verkleidung«, Unebenheit oder äußerlichen Protestformel beurteilt, sondern bereit ist zuzuhören, kann man viel von ihnen lernen. Jugendliche besitzen die Fähigkeit, »den Finger genau auf die Wunde zu legen«, das heißt, sie können familiäre und gesellschaftliche Strukturen häufig sehr klar sehen, ohne ihre Meinung durch Berechnung oder falsche Rücksichtnahme verbiegen zu lassen. Wenn man als Erwachsener bereit ist, sich in Frage stellen zu lassen, kann man durch seine jugendlichen Kinder manch einen unangenehmen Spiegel vorgehalten bekommen, der es einem ermöglicht, eingefahrene Bahnen und angestaubte Meinungen neu zu überdenken und die eine oder andere Selbsttäuschung aufzugeben. Wir brauchen, auch gesellschaftlich, den Idealismus, die meist noch nicht von Macht und Geld diktierten Visionen und Pläne Jugendlicher, um Hoffnung für unsere Welt bewahren zu können. Viele Eltern und leider auch Lehrer besitzen ein zu schwaches Selbstwertgefühl, um diese Direktheit von Jugendlichen aushalten zu können. Sie wehren rigide jede Kritik ab und versuchen, ihre Macht und Überlegenheit zu demonstrieren (aber auch ihre Verunsicherung zu verbergen), indem sie den Jugendlichen in einen festgelegten Rahmen vorgegebener Ordnungen und Leistungen hineinpressen wollen. Respekt und Achtung lassen sich nicht erzwingen, sondern wachsen von alleine, wenn man seinerseits das Wesen des jungen Menschen achtet und respektiert. Selbstverständlich bedeutet dies nicht, daß Sie Ihrem Teenager keine Grenzen setzen dürften oder sich alles gefallen lassen müßten. Kinder und auch Jugendliche brauchen Grenzen, um einen Halt zu finden und sich orientieren zu können, auch um in der sozialen Interaktion erfahren zu können, wann bin ich jemandem zu nahe getreten, habe ihn beleidigt oder verletzt, wie unterscheidet sich konstruktive von destruktiver Kritik?

Was sie nicht brauchen, ist schweigendes Beleidigtsein, nachtragendes und demütigendes Verhalten, endlose Aufrechnungen vergangener Fehltritte.

Ein sehr positives Familienritual könnte die sogenannte Familienkonferenz darstellen. In einem regelmäßig wöchentlich oder monatlich stattfindenden Gespräch, an dem sich alle im Haushalt lebenden Familienmitglieder beteiligen, wird jedem einzelnen zugehört, und anschließend werden gemeinsam Lösungen erarbeitet. Dabei können Konflikte aufgegriffen werden, aber auch Richtlinien für Aufgaben und Pflichten und deren Einhaltung aufgestellt werden.

Seien Sie Ihrem Kind gegenüber klar, eindeutig und berechenbar. Vertrauen Sie Ihrem Kind. Bedenken Sie: »Ratschläge sind auch Schläge«; also unterstützen Sie Ihren Jugendlichen, seinen eigenen Weg, seine eigenen Möglichkeiten zu entdecken. Hüten Sie sich davor, nur noch über nicht aufgeräumte Schuhe, Kleider, Zimmer, schlechte Schulleistungen und Ausgehzeiten zu diskutieren. Nehmen Sie sich Zeit, die Persönlichkeit Ihres Kindes kennenzulernen. Sie ist es wert.

Alter

Ein ähnlich schwieriger Übergang wie das Hineinfinden in das gesellschaftliche Leben ist heute sicher auch das Aufgeben aktiver beruflicher oder familiärer Aufgabenbereiche. Die Lebenssituation älterer Menschen ist heutzutage von zwei Merkmalen gekennzeichnet, die sich gegenseitig aufrechterhalten und bedingen. Zum einen sind Ältere in unserer Gesellschaft, sobald sie aus dem Raster von Jugend, Schönheit, Gesundheit und Schnelligkeit herausfallen, einer ständigen Nichtbeachtung und Mißachtung ausgeliefert – den Qualitäten Älterer wie zum Beispiel Erfahrung, Überblick und Ausdauer, wird in der Schnellebigkeit unserer Zeit zu wenig Bedeutung beigemessen; zum anderen halten Ältere, wohl genau aus der Angst heraus, nicht mehr mithalten zu können und damit nicht mehr dazuzugehören, oft vehement daran fest, ihre unverminderte Leistungsfähigkeit unter Beweis stellen zu wollen. Damit bewirken sie häufig, daß der Konkurrenzdruck durch die Nachfolgenden immer größer und der Kampf immer unerfreulicher wird, so daß der Ältere je nach Machtposition in Unterdrückung oder Resignation ausweichen muß. Alternativ dazu könnte er wertvolle Qualitäten entwickeln, die dem Alter vorbehalten sind und die der Unruhe und schnellen Abfolge von Mode und Meinungen der Jüngeren etwas Gültiges entgegensetzen könnten. All die Menschen, die dies geschafft haben, fallen auf durch ein gewisses Maß an Güte und Weisheit, an Humor und Toleranz. Zu viele ältere Menschen bleiben der Hektik und den Idolen unseres Zeitgeistes verhaftet und verfallen dann, wenn die Kluft unübersehbar wird, in einen zum Teil berechtigten Groll über die Rücksichtslosigkeit der nachfolgenden Generation und zunehmend in Ängste vor dem nun endgültig nahenden Lebensende mit seinem letzten, gänzlich unbekannten großen Übergang.

Ähnlich dem ersten Lebensabschnitt finden wir in diesem letzten viele unbewußte rituelle Handlungen.

Fast jeder hat schon erfahren, wie sehr ältere Menschen zu ausgesprochenen Gewohnheitstieren werden können. Mit derselben Entschiedenheit, wie wir sie bei kleinen Kindern finden, können sie an der liebgewonnenen Gleichmäßigkeit ihrer Abläufe festhalten. Der tägliche Gang zum Friedhof, zur Kirche, zur Parkbank oder durch den Ort, der geordnete Tagesablauf, der regelmäßige Nachmittag im Seniorenclub oder Verein, der wöchentliche Besuch der Kinder.

Der Mensch im letzten Lebensdrittel kann einer Menge schwieriger Lebensereignisse, denen man in den mittleren Lebensjahren noch eher ausnahmsweise begegnet, nicht mehr ausweichen: Der Freundes- und Bekanntenkreis lichtet sich, Krankheit, Not, Gebrechlichkeit und Tod sind plötzlich nicht mehr anonym, sondern betreffen vertraute Namen; Vergängliches, das ehemals Interesse und Begeisterung hervorrufen konnte, verliert an Bedeutung; Pläne werden nicht mehr für die Ewigkeit geschmiedet, sondern höchstens noch für das nächste Jahr oder auch nur die nächste Woche. Die Tage, Monate, Jahre verfliegen im Zeitraffertakt, die eigene Endlichkeit tritt immer klarer ins Bewußtsein. Nachvollziehbar, daß dies alles Unsicherheit, Trauer und Angst mobilisiert und der Mensch nach Struktur und Halt sucht, ähnlich wie in der Kindheit, als er schon einmal einer unüberschaubaren und ungewissen Zukunft entgegengehen mußte. Vielleicht bewirkt diese Ähnlichkeit der Gefühle, daß ältere Menschen sich plötzlich an jedes Detail ihrer Kindheit und Jugend erinnern. Und ähnlich wie damals brauchen sie ihre Gewohnheiten, um das Chaos um sie herum nicht überhandnehmen zu lassen.

Diese Eigenheiten werden um so skurriler und zwingender, je weniger es dem älteren Menschen gelungen ist, sich mit den schwierigen Ereignissen in seinem Leben, den Enttäuschungen, Verlusten, Schicksalsschlägen und Mißerfolgen auszusöhnen, sie akzeptierend in den persönlichen Lebenslauf zu integrieren, je größer also das innere Chaos ist.

Obwohl uns das Alter ja nicht überraschend trifft, beschränken viele die Vorbereitung auf den materiellen Bereich. Für die seelisch-geistige Vorbereitung war entweder vermeintlich keine Zeit, weil die Arbeit, der Haushalt, die Kindererziehung die Gegenwart völlig ausfüllten, so daß man sie in die Zukunft verschieben mußte (»wenn ich erst mal Zeit habe/im Ruhestand bin«), oder die Notwendigkeit kam nicht zu Bewußtsein, weil die Zeichen des Alterns lieber nicht wahrgenommen und bewertet wurden. Wenn unter diesen Umständen dann »plötzlich« die Kinder aus dem Haus sind, die Arbeit beendet werden muß, kann es zu einer tiefen Sinnkrise und Depression kommen.

Schon ab den mittleren Jahren ist es wichtig, die Zukunft nicht nur materiell abzusichern. Erweitern Sie Ihre Interessen, auch die vielfältigste Arbeit spricht nicht alle Begabungen eines Menschen an, so daß es für jeden neue Fähigkeiten und Möglichkeiten zu entdecken gibt. Erhalten Sie sich Ihre Neugierde, »...wo immer wir die Natur und das

Lebendige verstehen wollend betrachten, bereichert es uns, lehrt es uns wieder das Staunen und vermittelt uns Befriedigung und beglückende Erlebnisse« (Fritz Riemann: *Die Kunst des Alterns*).

Überlegen Sie sich, was Ihrem Leben über Ihre Tätigkeit hinaus Sinn und Inhalt verleiht und ob dies eine tragfähige Basis für Ihr Alter bildet. Egal wie alt Sie sind, es ist nie zu spät, sich auf die Suche zu machen. Vielleicht ist gerade jetzt die Zeit, sich mit den Fragen nach dem Sinn des Lebens und des Sterbens auseinanderzusetzen. Die Beschäftigung mit den Ansätzen der verschiedenen religiösen oder philosophischen Systeme kann Ihnen vielleicht dabei helfen, eine ganz persönliche Antwort zu finden. Scheuen Sie sich nicht, mit anderen über Ihre Gedanken, Erkenntnisse und auch Ihre Ängste zu sprechen, Sie werden wahrscheinlich auf dankbare Zuhörer stoßen. Tabuisieren Sie dabei nicht das Sterben und den Tod. Eines der erschütterndsten Beispiele dieser in unserer Gesellschaft typischen Verleugnung und falschen Rücksichtnahme habe ich bei einer vom Tode gezeichneten krebskranken Patientin in einer Klinik erlebt, die sich gemeinsam mit ihrer Familie so verhielt, als leide sie lediglich an einer harmlosen Erkrankung und kehre bald nach Hause zurück.

Diese Haltung, die häufig zur vermeintlichen »Schonung« aller Beteiligten eingenommen wird, verhindert ein wirkliches Abschiednehmen und wichtige Gespräche, so daß jeder mit seinem Kummer alleine bleibt.

Ein wichtiges Ritual des Alters erscheint mir die Übung in Gelassenheit, das Lassen-Können aus dem »lebens-erfahrenen« Wissen um menschliche Schwächen und Krisen, Entwicklungsschritte und Wandlungen, um die Belehrungen und die Gunst des Schicksals, aber auch um die Vergänglichkeit von Besitz, Erfolg und Macht.

»Die loslassende Einstellung läßt uns vieles unter dem neuen Aspekt sehen, was wirklich und letztlich wichtig ist, einen Wert für uns bedeutet, uns fördert und reif macht« (Fritz Riemann: *Die Kunst des Alterns*).

Nehmen Sie sich Zeit für die Stille, in der Sie sich sammeln und auf diese Werte besinnen können. Auch wenn Sie äußere Schwäche empfinden mögen, konzentrieren Sie sich auf die Kraft, die Ihnen innewohnt; nutzen Sie sie, um in Ihrem letzten Lebensabschnitt manch eine Maske abzulegen und mit Bewußtsein und Klarheit das zu pflegen, was Ihnen wichtig erscheint.

Familiäre Zeremonien

Jahrestage, Jubiläen

Das Feiern von Geburtstagen, Hochzeitstagen, Silvester oder auch Jubiläen wie der »runde« Geburtstag, der langjährigen Mitgliedschaft in Vereinen oder am

Arbeitsplatz und Ehrungen ist für die meisten noch ein vertrautes Relikt allgemeingültiger, gesellschaftlicher Rituale. Viele bestreiten heute, daß diese Tage für sie noch eine besondere Bedeutung haben, fühlen sich aber in der Regel verletzt, wenn diese Tage vergessen oder übergangen werden.

Damit wird deutlich, was für eine Funktion diese Tage ursprünglich hatten und immer noch haben. Dem Jubilar wird durch die Gratulation Wertschätzung und Anerkennung seiner Person und gegebenenfalls Leistung entgegengebracht.

Dadurch, daß wir mit diesen Ritualen aufgewachsen sind, hegen die meisten von uns im Zusammenhang mit diesen Feierlichkeiten besondere Erwartungen, das heißt, daß sich entsprechend leicht Enttäuschungen einstellen können. Scheinbar wird also auch durch das Würdigen des Anlasses durch einzelne Personen die Art der Beziehung zu demjenigen offensichtlich. Viele wagen nicht, sich dieser Erkenntnis zu stellen, und weichen der Feier von Jahrestagen aus, indem sie auf eine Reise, manchmal in »Krankheit« flüchten. Wenn man gar nicht erreicht werden kann, braucht man sich keine Gedanken über die Ernsthaftigkeit, Warmherzigkeit oder auch Konfliktträchtigkeit (Gratulation aus Pflichtbewußtsein, »falsche« Töne, Ausbleiben von erwarteten Anrufen) seiner persönlichen Beziehungen zu machen. Auch führt ein schwaches Selbstwertgefühl dazu, daß der Gefeierte beim Entgegennehmen der Wünsche eher Empfindungen der Peinlichkeit und des Mißtrauens hat und dem lieber ausweicht.

Ein gelungenes Fest hingegen hinterläßt bei den meisten Jubilaren eine nachhaltige Freude, von der lange gezehrt wird. Diese Freude über die Zuwendung und Anerkennung gibt ein Gefühl der Zugehörigkeit und Integration (das heißt, ich kann rückblickend meine Person, meine Leistung, meine Bindungen akzeptieren und gutheißen). Diese Selbstbestätigung gibt dem Menschen neuen Auftrieb, was nun seinem Engagement und seinen sozialen Kontakten erst recht zugute kommt.

Die Würdigung dieser Tage hat also einen viel tieferen Sinn und eine viel weitreichendere soziale Funktion, als man im ersten Moment vermutet. Diese Ereignisse bergen die Möglichkeit, den persönlichen Lebenslauf bewußt zu gliedern, immer wieder von neuem Bilanz zu ziehen und den eigenen Weg mit seinen Gegebenheiten zu überprüfen. Dadurch bekommt man die Chance, Weichen neu zu stellen, Veränderungen anzustreben, Beziehungen in Frage zu stellen oder zu vertiefen.

Nutzen Sie Ihren Geburtstag, Ihren Hochzeitstag oder auch Silvester als eine Art persönlichen »TÜV« in bezug auf Ihre Persönlichkeit, Ihre Gesundheit, Ihre Partnerschaft, Ihre Freundschaften, Ihre Arbeit, Ihre Pläne und Wünsche. Dazu genügt eine besinnliche Stunde oder ein ernsthaftes Gespräch, in dem Sie ehrlich und kritisch »Inventur« machen. Sie können dadurch verhindern, daß sich Unzufriedenheit und Konflikte jahrelang anstauen und sich plötzlich Bahn brechen. Überlegen

Sie sich in Ruhe kleine Schritte, um Ihre Persön-
lichkeit, Ihre Beziehungen, Ihre Arbeit zu formen.
Beachten Sie dabei Ihre innere Bereitschaft und die
äußeren Gegebenheiten. Wir alle kennen die an
Jahrestagen schnell gefaßten guten Vorsätze, die
nie verwirklicht werden. Vergessen Sie nicht, daß
Ihre Feier mehr den zwischenmenschlichen Kon-
takten als dem Prestige dienen soll. Wenn Sie Ihren
Tag wirklich alleine verbringen wollen, stellen Sie
sich die Frage nach dem Motiv.

Familientraditionen

In vielen Familien werden manchmal über Jahrzehnte
oder sogar Generationen hinweg bestimmte Traditionen gepflegt, die ebenfalls rituellen Charakter haben.
Zum Teil beziehen sich diese auf die offiziellen Jahresfeiern mit ihren Überlieferungen wie Weihnachten, Ostern, Erntedankfest, Kirchweih; zum Teil auf
ganz persönliche innerfamiliäre Gepflogenheiten wie
das gemeinsame Feiertagsfrühstück, der Sonntagsaus-
flug, der regelmäßige Besuch bei den Großeltern.

Diese gemeinsamen Gewohnheiten vermitteln ein
Gefühl der Zugehörigkeit, der Verbundenheit und
der Sicherheit. Die Familienstruktur bildet ein sozia-
les Netz, in dem der einzelne Geborgenheit, Verläß-
lichkeit und Unterstützung finden kann, sofern das
System funktioniert. Das Einhalten gemeinsamer
Traditionen untermauert dieses Gefüge.

Untersuchungen haben ergeben, daß selbst in desolaten Familien (zum Beispiel mit alkoholkranken Eltern) Kinder weniger Schaden nehmen, wenn zumindest ein Teil dieser Familientraditionen, wie gemeinsame Mahlzeiten oder Ausflüge, aufrechterhalten wird.

Menschen, die dieses Eingebundensein in ein funktionierendes Familiensystem als stabilisierenden und stärkenden Faktor erlebt haben, halten in der Regel gerne an diesen Gepflogenheiten fest und geben sie weiter, was letztendlich dem Gemeinschaftssinn der Gesellschaft zugute kommt.

Manchmal wird dieses Netz zum goldenen Käfig: Aus einer pathologischen Familiendynamik heraus werden die Mitglieder zu eng in diesem System festgehalten, so daß sie sich nicht lösen und immer wieder zurückkehren können, sondern darin hängenbleiben. Dies verwehrt ihnen die Möglichkeit, ihr eigenes Leben aufzubauen und die Ursprungsfamilie lediglich als Rückenstütze hinter sich zu wissen; der Blick bleibt immer zurückgerichtet. Findet eine eigene Partnerschaft oder Familiengründung statt, wird hartnäckig versucht, diese in die Ursprungsfamilie hineinzuzwingen. Daraus kann sich ein für alle Beteiligten unerträglicher Zustand mit manchmal sehr schädigenden Auswirkungen entwickeln.

Für manche hat das Pflegen von Traditionen einen schalen Beigeschmack. Sinnentleert werden diese Zusammenkünfte zur Farce.

Bei Familie Walther ist es seit vielen Jahren üblich, den Heiligabend in der Großfamilie bei den Groß-

60

eltern zu feiern. Dazu wurde mit den Kindern ein Krippenspiel einstudiert, das jedes Jahr aufgeführt wurde. Den kleinen Kindern machte dies immer sehr viel Spaß, mit zunehmendem Alter hatten sie jedoch immer weniger Lust dazu. Die Großeltern, die dadurch an ihre eigene Kindheit und Jugend und an die Kindheit ihrer Kinder erinnert wurden, bestanden jedoch weiterhin auf diesem Ablauf. Das Spiel geriet immer mehr zur Posse, was bei dem anschließenden traditionellen Karpfenessen zu immer ausufernderen Diskussionen über Erziehungsstile führte, so daß schließlich die großmütterlichen Tränen nicht mehr vor Rührung, sondern vor Zorn flossen und die Stimmung endgültig verdorben war. Anschließend schwor man sich, dies sei wirklich das letzte Weihnachten gewesen, das auf diese Art bei den Großeltern stattgefunden habe. Sobald jedoch das nächste Fest nahte, wagten die Eltern nicht, sich dieser Verpflichtung zu entziehen (schließlich könnte es ja die letzte Weihnachtsfeier sein, die die Großeltern noch miterlebten!), so daß sie sich zähneknirschend fügten und die Freude an dem Familienfest allen Beteiligten schon im Vorfeld verdorben war.

Dieses Beispiel macht deutlich, daß es bei dieser Art von Familientradition nicht um die Pflege von Beziehungen untereinander geht und die gemeinsame Gestaltung der Feier Ausdruck davon ist, sondern letztendlich um die Vergangenheitsbewältigung einzelner Familienmitglieder, die deshalb auf einem starren Befolgen dieses Ablaufes beharren. Der Blick der Großeltern ist hier egoistisch auf ihre Erinnerungen gerichtet und nicht auf die Bedürfnisse der gegenwärtigen Gemeinschaft.

Um den Sinn von Familientraditionen zu bewahren, ist es daher erforderlich, diese flexibel und kreativ immer wieder neuen Gegebenheiten anzupassen und niemanden in ein Korsett zu zwängen, in das er nicht hinein will. Mit etwas Phantasie und Rücksichtnahme lassen sich so gemeinsam Familientraditionen und -rituale immer einmal wieder verändern oder erneuern, ohne daß weder das kulturelle und familiäre Erbe (Vorstellungen der Großeltern) noch die Experimentierfreude der Jungen zu kurz kommen.

Besondere Feierlichkeiten

Wenn man nach gesellschaftlichen Ritualen fragt, werden noch am ehesten Feierlichkeiten religiöser Natur wie Taufe, Kommunion/Konfirmation oder Hochzeit erwähnt. Diese Feierlichkeiten haben noch einen relativ fest verankerten Platz in unserem Bewußtsein. Allerdings wird auch hier von vielen eine zunehmende Konzentration auf materielle Werte und damit eine Sinnentwertung bemängelt.

Schon Kinder werden anläßlich ihrer Taufe, Kommunion/Konfirmation mit Geschenken überschüttet, ohne daß der eigentliche Sinn dieser Rituale, nämlich die Aufnahme des Kindes in die Gemeinschaft, das Erbitten von Segen und Schutz, das Anerkennen und die Übernahme bestimmter Empfehlungen, Regeln und von Verantwortung innerhalb der Familie, wirklich gewürdigt wird. Auch hier muß, wie so oft, die materielle Fülle die innere Leere ausgleichen.

Die Gestaltung der Hochzeitsfeier wird meist von romantischen Ideen bestimmt. Das weiße Kleid als Zeichen der Unschuld, die Übergabe der Braut aus der Hand des Vaters in die Hand des Bräutigams, ehemals Ausdruck der Besitzverhältnisse, all diese Symbole haben in der Regel ihre ursprüngliche Bedeutung verloren, werden aber als verbindliche Rituale durchaus geschätzt.

Die Heirat findet meist in einer Hoch-Zeit der Gefühle statt, in Euphorie und Verliebtheit. In der Phase des Verliebtseins erweitert der Mensch seine Ich-Grenzen und macht den geliebten Partner zu einem Teil seiner selbst. Er fällt der Illusion anheim, mit Hilfe des Partners endlich alle Gefühle der persönlichen Unzulänglichkeit und Unvollkommenheit überwunden zu haben. Er fühlt sich »schwebend« und ist empfänglich für Romantik, für alles Schöne und Gute. Die Welt scheint ihre Ordnung wiedergefunden zu haben und heil zu sein, kein Hindernis stellt mehr eine Schwierigkeit dar. Die meisten Hochzeiten werden von dieser Stimmung getragen, so daß auch die Familienangehörigen und Freunde von dieser Illusion ergriffen werden und in diesem heilen, »heiligen« Moment sich ein jahrhundertealter Menschheitstraum zu erfüllen scheint: die Überwindung der Entzwei-ung, der Ver-zwei-flung, die endgültige Ein-ig-keit, das Eins-sein.

Natürlich hält diese Hoffnung der Realität nicht stand. Das »Selbst« eines Menschen trachtet danach, die Ich-Grenzen wiederherzustellen, da ein Mensch in völliger Abhängigkeit von einem anderen seine Persönlichkeit nicht mehr weiterentwickeln würde. Unweigerlich kommt der Augenblick, wo auch der Verliebteste zu ahnen beginnt, daß der Partner nicht nur ideale Eigenschaften besitzt. Der Prozeß des »Ent-liebens« beginnt. Am Ende steht die relativ nüchterne und realistische Betrachtung des Gegen-übers. Dies ist erst der Moment, wo in gegenseitigem Bemühen, in Respekt, Zuneigung, persönlicher und gegenseitiger Verantwortung Liebe zu wachsen be-ginnen kann. Dazu gehört auch, den anderen aus der Verpflichtung zu entlassen, unsere Defizite ausglei-chen zu müssen und ausschließlich für unser Wohler-gehen zuständig zu sein. Ein kluger Kopf sagte ein-mal:

Liebe ist viel mehr das Ergebnis als die Voraus-setzung einer guten Beziehung.

Der Glücksanspruch der heutigen Gesellschaft ist enorm hoch geworden, so daß gerade die Liebesheirat von Erwartungen und Projektionen völlig überfrach-tet ist, was zwangsläufig zu Enttäuschungen führen muß. Diese Ernüchterung trifft die meisten Paare sehr unvorbereitet, so daß heutzutage viele Ehen schon nach relativ kurzer Zeit scheitern.

Erinnern wir uns an den ursprünglichen Sinn und Zweck von Ritualen, das Abschiednehmen von der Vergangenheit, das Annehmen eines Übergangs, die Vorbereitung auf die Zukunft und die Würdigung aller auftretenden Gefühle, so bekommen wir Zweifel an der Vollständigkeit des Hochzeit-Rituals. Mit anderen Worten: Wenn ein Paar nicht das Glück hatte, »am Modell«, in Form der guten Ehe der Eltern, zu lernen, erfährt es nicht genug über die Voraussetzungen für den Aufbau einer geglückten Beziehung.

Es ist sicher nicht nötig, nun jedes romantische Fest gegen einen nüchternen Vertrag auszutauschen, auch die »heiligen« Momente haben ihre Berechtigung und Funktion im Leben, und die spätere Erinnerung daran ist etwas Wertvolles. Vielleicht genügt es, die mit in das Ritual aufgenommenen Vorbereitungsgespräche und Trauungsformeln auf einen realistischeren Boden zu stellen. Das heißt, an den Gesprächen könnten Paare verschiedener Altersstufen, besonders auch ältere, zusammen mit den Heiratswilligen teilnehmen, um ihre Erfahrungen mitzuteilen und im gemeinsamen Austausch Wege zu entwickeln. Die Aufgabe der Trauzeugen könnte sich dahingehend verändern, daß sie zum Beistand werden und notfalls einen »Krisenstab« bilden können, der das junge Paar unterstützt. Angehörige wie die Eltern und Großeltern könnten innerhalb des Rituals bewußt davon Abstand nehmen, das junge Paar mit Erwartungen und stellvertretend mit der Einlösung eigener unerfüllter Hoffnungen zu belegen, und statt dessen ihren Respekt für den zukünftigen neuen Weg ausdrücken, so daß das Paar in innerer Freiheit eigene Entscheidungen treffen kann.

Ethnologische und religiöse Rituale

Im Bereich religiöser oder kirchlicher Ereignisse finden wir heute noch die meisten »öffentlichen« oder anerkannten Rituale.

Sämtliche Weltreligionen besitzen ein Gerüst festgelegter Rituale, in die sich der Gläubige einbettet und die ihm in den verschiedensten Lebenslagen Halt geben können. So drehen sich Rituale hauptsächlich um Ereignisse, in denen sich der Mensch Ängsten, Unsicherheiten, Schicksalhaftem gegenübersieht wie Geburt, Erwachsenwerden, Ehe, Krankheit, Alter, Tod oder auch dem Wunsch nach Schutz, Gemeinschaft, Vergebung, Orientierung.

Auch vorreligiöse heidnische Bräuche dienten in der Regel ähnlichen Anlässen. Hierbei wird deutlich, daß der Mensch scheinbar immer dann rituelles Handeln entwickelt oder darauf zurückgreift, wenn er sich seiner Grenzen bewußt wird und sich ohnmächtig für ihn nicht Erklärbarem oder Kontrollierbarem gegenübersieht.

So wurden in heidnischen Kulturen Rituale rund um das Naturgeschehen abgehalten, wobei entweder die Naturerscheinung wie Erde, Baum, Pflanze, Stein, Wasser als Sitz der gebenden oder zerstörenden Kraft im Mittelpunkt stand oder diese Kraft verschiedenen Gottheiten zugeschrieben wurde, die es zu verehren oder zu besänftigen galt.

Hier stoßen wir auf das magische Element, das sämtlichen Ritualen innewohnt. Die Magie sollte die Angst bannen, die der Mensch dann empfindet, wenn er keine Macht oder kein Mittel mehr besitzt, um eine schwierige Situation zu meistern. Es wäre jedoch zu einfach, die Bedeutung von Ritualen auf die Bewältigung von Angst und Unwissenheit zu reduzieren, was leider regelmäßig in der Missionierung und Kolonialisierung der Kontinente mit Eingeborenenvölkern geschah. Mit Hilfe von Ritualen gliederte sich der Mensch in den Ablauf der Natur ein und konnte sich als Teil des Ganzen empfinden.

Indem er beispielsweise dankte für das, was er der Erde nahm, würdigte er die Ressourcen, ohne sie auszubeuten, und begab sich gleichzeitig in eine Schuld der Sorgfalt und Fürsorge. So wurde mit Bedacht dafür gesorgt, daß der Fortbestand von Pflanze und Tier gesichert war, indem in einem Gewässer genug Fische zurückgelassen wurden, die beraubte Erde sich erholen konnte, aus Tierherden nur eine bestimmte Anzahl von Tieren erlegt wurde.

Innerhalb der Rituale wurde das Gewünschte beschworen und das Gegengewicht gebannt, so daß sich der Mensch auch der Abwesenheit von Glück, Nahrung, Gesundheit und Gemeinschaft bewußt werden konnte und so daran gehindert wurde, diese Dinge als Selbstverständlichkeit zu betrachten.

Darüber hinaus darf eine weitere wichtige Funktion der Rituale nicht übersehen werden. Durch Rituale wurde die Verbindung zur Vergangenheit geschaffen. Die rituellen Handlungen wurden über

Generationen gleich durchgeführt und erzählten so die Geschichte der Urahnen, des Stammes, des Landes. Für viele Völker war dies die einzige Möglichkeit, ihre Abstammung und Entwicklung weiterzugeben.

Die meisten heidnischen Kulte wurden durch Kolonialherren und Missionare zerstört. Erstere kamen aus »aufgeklärteren« Erdregionen und erkannten viele Bräuche als überflüssig und unsinnig, gleichzeitig konnten sie sich häufig einer gewissen Furcht vor der Kraft und Macht, die sich während ritueller Vorgänge in den Beteiligten entfaltete, nicht erwehren. Die Art der Ureinwohner zu leben barg für sie etwas Unverständliches und Unheimliches. Außerdem befanden sich die heiligen Stätten und Plätze häufig an bevorzugten, besonders fruchtbaren Stellen des Landes, von deren Nutzung sich die Einwanderer gewinnbringenden Ertrag versprachen.

Die Missionare ihrerseits wollten den Eingeborenen Fortschritt und Zivilisation bringen und gleichzeitig die heidnischen durch religiöse Rituale, die vielen Götter durch den einen Gott ersetzen.

Beides führte dazu, daß den Ureinwohnern nicht nur Unwissenheit, sondern gleichzeitig Geschichte und Kultur genommen wurden, so daß sich mit Einzug der Zivilisation in vielen Urvölkern auch Halt- und Orientierungslosigkeit breitmachten.

Man darf davon ausgehen, daß die großen Religionsstifter, ohne sie darauf beschränken zu wollen, hervorragende Kenner der menschlichen Seele, ihrer Bedürfnisse, Schwächen und Entwicklungsmöglichkeiten gewesen sind.

So schufen sie mit Hilfe und unter Berücksichtigung ihrer Botschaft Riten und hinterließen in ihren Schriften Empfehlungen zur Lebensführung, die – richtig verstanden – dem Menschen in seiner jeweiligen Kultur bei seiner Lebensbewältigung helfen konnten. Neben Regeln des zwischenmenschlichen Umgangs (z. B. den Zehn Geboten) wurden Rituale für alle wichtigen Ereignisse des menschlichen Lebens geschaffen, zu Geburt, zum Übergang ins Erwachsenenleben, zu Heirat, Schutz, Gemeinschaft, Krankheit und Tod.

Darüber hinaus gibt es Rituale der Hoffnung, des Trostes, Rituale zur Konfliktlösung, zum Umgang mit Schuld, zur Entspannung. Greifen wir einige Rituale der unserer Kultur am vertrautesten christlichen Religion heraus.

Gebet

Eine typische Gebetshaltung ist das Falten der Hände.

Halten Sie einen Moment inne, und legen Sie Ihre Handflächen aneinander. Schließen Sie die Augen, wenn Sie wollen, reiben Sie leicht die Handflächen und spüren Sie nach.

Mit dieser Geste schließt der Mensch einen inneren Kreis, er zieht sich von der Außenwelt und von Aktivitäten zurück. Jetzt könnte er sich sammeln und sich spüren (im doppelten Wortsinn) und sein Gebet beginnen.

Sofern er nicht einen vorgegebenen Wortlaut nachspricht, erfordert dies eine Strukturierung und Formulierung seiner Gedanken. Aus der psychotherapeutischen Praxis wissen wir, daß das Strukturieren und Aussprechen von Gedanken den Menschen aus ständigen Grübeleien, vagen Ängsten und Unmutsgefühlen befreit, ihm zu mehr Klarheit und damit auch Kraft und Lösungsansätzen verhilft. Im Gebet öffnet sich der Mensch zusätzlich einer höheren Ebene, er braucht vorübergehend nicht alles aus sich heraus alleine zu leisten, er darf Dinge abgeben, was eine enorme Entlastung bedeutet. Im Zeitgeist wird das vielgerühmte »Loslassen« gefordert, was ohne diese spirituelle Ebene fast nicht gelingen kann, ohne eine destruktive Wende in Richtung Resignation und Gleichgültigkeit zu nehmen.

Entspannen Sie Ihre Schultern und »öffnen« Sie Ihren Nacken, indem Sie leicht den Kopf neigen (so als würde Sie jemand an Ihrem Hinterhauptswirbel nach oben ziehen). »Erden« Sie Ihre Füße durch die Vorstellung, daß Sie den tragenden Boden mit Ihren Fußsohlen spüren können. Lenken Sie Ihre Wahrnehmung auf den Rhythmus Ihres Atems, und stellen Sie sich vor, er durchströme Ihren ganzen Körper und stelle gleichzeitig eine vertikale Verbindung vom Himmel zur Erde dar. Sie zentrieren Ihre Energie im Kreis Ihrer gefalteten Hände. Bewahren Sie in diesem Gefühl innere Stille, oder sprechen Sie Ihr Gebet.

Um nicht mißverstanden zu werden: Es liegt mir fern, religiöse Inhalte auf Psychotechniken zu reduzieren, vielmehr würde ich mir wünschen, daß die Kirche ihre abgeschnittenen und häufig mißverstandenen spirituellen Wurzeln wiederfinden und integrieren könnte.

Beichte

Hier begegnen wir einem der ungeliebtesten und rufschädigendsten Rituale des katholischen Glaubens. Etwas beichten zu müssen heißt, schuldig geworden zu sein und sich dazu zu bekennen. Leider ist es sehr unpopulär, persönliche Schuld wahrzunehmen, geschweige denn einzugestehen.

Veraltete Erziehungsmodelle und kollektive Schulderfahrungen, wie sie durch Kriegshandlungen entstehen, trugen dazu bei, über Generationen verkrampfte Verhaltensmuster im Umgang mit Schuld und Reue zu manifestieren.

Wir alle kennen es zur Genüge: In der Regel ist niemand an irgend etwas schuld, schuld sind andere oder die Umstände. Um dies zu beweisen, werden die abenteuerlichsten Erklärungen geliefert, auch dann, wenn es gar keinen Ankläger gibt. Wenn Schuld zu übermäßiger Strafe führt, wird der Mensch zukünftig vermeiden, Schuld als einen natürlichen, wenn auch unangenehmen Anteil menschlichen Lebens wahrzunehmen. Er wird aus Angst an nichts mehr schuld sein.

Es geht hier nicht darum, Schuldige zu finden oder Schuldzuweisungen zu machen, es geht um persönliche Einsicht vor sich selbst und einen natürlicheren, angstfreien Umgang mit Schuld.

Betrachten wir die Auswirkungen auf den zwischenmenschlichen Bereich. Wenn ein Mensch grundsätzlich »beschlossen« hat (was meist unterbewußt geschieht), an nichts mehr schuld zu sein, besitzt er keine echte Konfliktfähigkeit. Die Erziehung oder der Lebensweg, die ihn dahin gebracht haben, haben in der Regel die Entfaltung eines gesunden Selbstwertgefühls verhindert, so daß der Mensch nicht aushalten kann, sich in Frage stellen zu lassen, da er sich dann wertlos fühlen würde.

Eine reife, konstruktive Konfliktlösung erfordert jedoch von den beteiligten Partnern die echte Bereitschaft, sich und die eigene Meinung in Frage stellen zu lassen und sich zumindest probehalber in die Gedanken des Gegenübers hineinzufühlen, egal ob er die Ansicht schlußendlich teilen wird oder nicht.

Obwohl es den meisten Menschen schwerfällt, Schuld anzuerkennen, leben viele mit einem permanent schlechten Gewissen, das in der Regel eher überfordernden Erwartungen entspringt als einem tatsächlichen Schuldig-geworden-Sein.

Ein wichtiger Aspekt von Schuld ist Reue. Das Gefühl, Schuld auf sich geladen zu haben und dies zu bereuen, ist eine der schmerzlichsten Empfindungen menschlichen Lebens. Da wir keine adäquaten Modelle besitzen, wie wir mit diesem schwerwiegenden Gefühl umgehen können, kommt es zu Verdrängungsmechanismen und/oder destruktiven Verarbeitungsversuchen, die uns in der psychotherapeutischen Praxis häufig begegnen.

Dora, eine Patientin in mittleren Jahren, wird von ihrem Partner zur Abtreibung eines ungeplanten Kindes gezwungen. Sie besitzt ein starkes religiöses Empfinden, erlebt sich gleichzeitig als ängstlich, emotional und finanziell vom Ehemann abhängig. Bis zur letzten Minute hoffend, gerettet zu werden, läßt sie wie unter Schockeinwirkung die Prozedur über sich ergehen. Da sie in ihrer Kindheit weniger den gütigen Gott als den erhobenen Zeigefinger kennengelernt hat, ist sie anschließend der festen Überzeugung, große Schuld auf sich geladen zu haben, die bestraft werden wird und die sie büßen muß.

Kurze Zeit nach der Schwangerschaftsunterbrechung kommt es bei Dora immer wieder zu starken Blutungen, die nur schwer zu stoppen sind und die behandelnden Ärzte ratlos machen, da es dafür keine ausreichende medizinische Erklärung gibt. Dora wird in der Gewißheit schwächer, dies sei die erwartete Strafe. Erst als in der Therapie Schuld, Strafe, Reue, aber auch Vergebung thematisiert werden, löst sich die Depressivität in einer Flut von Tränen.

Für die nächste Zeit sucht sich Dora ein (religiöses) Trauerritual und findet schließlich über den Trost der Vergebung und Absolution zurück zu sich selbst. Die Blutungen verschwinden.

Religiöse Rituale können eine erhebliche Hilfestellung bei der Verarbeitung von Schuld und Reue bieten. Die Beichte dient dabei weniger dem Schuldbekenntnis vor der kirchlichen Institution als dem Sich-Eingestehen und Formulieren eigener Gefühle, das heißt also, der Übernahme der Verantwortung für die persönliche Schuld und deren Konsequenz und damit als Vehikel zu Reue und Vergebung und zu einem konstruktiv veränderten Verhalten.

Mit der »Beichte« einem Mitmenschen gegenüber wird dagegen häufig eher die Abwälzung der Verantwortung, die eigene Erleichterung und Rechtfertigung bezweckt. Verbunden mit der Bitte um Vergebung kann sie besonders für das »Opfer« geradezu eine Zumutung bedeuten. Ein einfaches »Es tut mir leid« ist oft angebrachter.

Wechselgebete

Als vor einigen Jahren ein nahes Familienmitglied starb, wurden wir am Vorabend der Beerdigung zu einem Rosenkranzgebet eingeladen. Im Wust der Gefühle, des Papierkrieges, der zu bewältigen war, der familiären Regelungen kamen wir schließlich abgehetzt zur Kirche. Im kerzenerleuchteten Halbdunkel des Kirchenschiffes befanden sich lediglich einige alte Frauen, verteilt auf beide Bankseiten, die abwechselnd die Abfolge des Rosenkranzes sprachen. Nachdem ich bemerkt hatte, daß nichts weiter passieren würde, begann ich nervös auf meiner Bank herumzurutschen, des Gebetes nicht mehr ganz so mächtig, den Kopf voll der Dinge, die noch zu erledigen waren. Da ich die Kirche nicht verlassen wollte, begann ich schließlich, mich auf das Wechselgebet einzulassen und immer dieselben Worte zu wiederholen. Nach kurzer Zeit bemerkte ich einen interessanten Effekt: Mein Kopf wurde angenehm klar und leer, meine Atmung vertiefte sich, ich wurde ruhig. Gelassen und entspannt kehrte ich nach Hause zurück, dankbar für die erzwungene Unterbrechung der Hektik. Dieser Effekt, den wir aus den psychotherapeutischen Entspannungstechniken kennen, machte mich neugierig.

Mir war nie in den Sinn gekommen, innerhalb katholischer Kirchenriten nach Entspannungsritualen zu suchen. Viel moderner und exotischer war es, sich in anderen Kulturen und Religionen umzusehen und fremdartige Methoden zu praktizieren, das heißt fremde Rituale zu »importieren«, um unseren Alltagsstreß zu bewältigen. Der Erfolg dieser Methoden zeigt, wie sehr Menschen heute auf der Suche nach strukturgebenden Hilfen für den Alltag sind. Die ursprüngliche Motivation für die Entwicklung religiöser und spiritueller Entspannungstechniken war natürlich nicht das »weltliche« Ziel der Streßreduktion, sondern vielmehr das »Raumschaffen« für das Wesentliche, Höhere, für Gott.

Das wichtigste Element der Übung war das monotone Repetieren eines heiligen Wortes, womit die Gedanken gebunden und der Kopf frei werden sollte, alle anderen Gedanken wurden ignoriert. Fast alle Religionssysteme kennen diese Praktiken, in einigen wurde das Beachten der Atmung mit einbezogen, in anderen nicht. Das Wiederholungswort und das Abweisen anderer Gedanken taucht jedoch überall auf, so in der Sufi-Tradition des Islam, in der jüdischen Mystik, im Zen-Buddhismus. Aber auch schon bei den ganz frühen Mönchen, den Eremiten in Ägypten, den Mönchen des Berges Athos in Griechenland sowie in alten Hindu-Schriften. Bei den Urvölkern dürfte rhythmisches Stampfen und Trommelschlagen denselben Effekt gehabt haben.

Unweigerlich drängt sich der Vergleich mit unseren modernen Entspannungstechniken auf, in denen wir Elemente dieser alten Riten wiederfinden. Im Autogenen Training, das Schultz in den 20er Jahren zu entwickeln begann, erfolgt die Konzentration auf einen Körperteil, eine passive Einstellung und die Wiederholung der Selbstbeschwörung »warm und schwer«. Ähnliches in der Entspannungsübung nach Jacobson: Konzentration auf Anspannung und Entspannung einzelner Muskelpartien, Gleichgültigkeit anderen Gedanken gegenüber. Der Harvard-Kardiologe Herbert Benson entwickelte diese Methoden weiter zu seiner Relaxation-Response.

Seine Anweisungen lauten:

Der Weg zur Entspannungsreaktion

Zwei Komponenten sind unerläßlich, wenn Sie die Relaxation-Response auslösen wollen:

Ein mentaler Fokus: Den eigenen Atem beobachten, ein Wort, Mantra oder Ton wiederholen oder eine rhythmische muskuläre Aktivität. Es geht darum, den Strom der Alltagsgedanken zu unterbrechen und den Kopf »frei« zu kriegen.

Eine passive Haltung gegenüber ablenkenden oder »eindringenden« Gedanken:

Sich beispielsweise nicht darüber sorgen, ob man es richtig macht. Den Geist sanft auf den Fokus zurückdirigieren.

Der einfachste, unaufwendigste Weg zu Entspannung führt über die folgenden Stufen:

1. Wählen Sie ein Wort, einen Begriff, ein Gebet, das Sie als Fokus verwenden wollen, oder konzentrieren Sie sich nur auf Ihren Atem.

2. Sitzen Sie ruhig in einer bequemen Haltung.

3. Schließen Sie die Augen.

4. Entspannen Sie die Muskeln.

5. Atmen Sie langsam und natürlich, wiederholen Sie Ihr Fokus-Wort jedesmal beim Ausatmen.

6. Bleiben Sie passiv, kümmern Sie sich nicht darum, ob Sie es gut machen. Wenn Ihre Gedanken »wandern«, lenken Sie sie auf den Fokus zurück.

7. Halten Sie diese Prozedur 10 bis 20 Minuten durch.

8. Entspannen Sie sich nach dieser Methode ein- bis zweimal pro Tag.

H.B.
Psychologie heute/Februar 93/Seite 25

Benson fand heraus, daß der systematische Einsatz dieser Entspannungsreaktion prophylaktisch bei allen Erkrankungen wirkt, die durch Streß entstehen oder begünstigt werden. In vielen mystischen Traditionen ist Entspannung der Schlüssel zur eigentlichen spirituellen Erfahrung.

Jahresfeiern

Die meisten Menschen sind gewohnt, ihren Jahreslauf in Abschnitte zu gliedern. Nicht nur Christen orientieren sich dabei an den großen religiösen Festen wie Weihnachten, Ostern oder Pfingsten. Wie wir oben bereits gesehen haben, existieren in vielen Familien Bräuche und Traditionen, diese Feste zu gestalten. Meistens bestehen sie aus einer bunten Mischung religiöser, heidnischer und kultureller Riten zusammen mit ganz persönlichen Familienritualen. Für die einen immer wiederkehrende Lust und die Erwartung besonderer, mit dem Fest verbundener Sinnenfreuden, wird für die anderen die Feier mit ihren Vorbereitungen immer mehr zur Last und lästigen Pflicht. Je sinnentleerter der Anlaß empfunden wird, je mehr der Konsumrausch vorherrscht, um so fragwürdiger wird die ganze Szenerie. Die »stille« Vorweihnachtszeit geht unter in der Hektik von Weihnachtsfeiern, Weihnachtsmärkten, Besorgungen und Erledigungen. Wir werden von den Medien bombardiert mit tausend Vorschlägen für Dekorationen, Geschenke, Basteleien, Koch- und Backrezepte, Verpackungen usw., die einen wahren Wettbewerb um das originellste Geschenk, das raffinierteste Menü, den schönsten Weihnachtsbaum und den gelungensten Tischschmuck auszulösen scheinen. Während die Hausfrau rotiert, wird häufig der Rest der Familie zu Konsumenten, erfreut und mit etwas schlechtem Gewissen angesichts der Mühe. Dies wird verstärkt, wenn inmitten der Fülle die Nachrichten aus dem Rest der Welt nicht ignoriert werden können.

Die Bedeutung von Weihnachten scheint gänzlich abhanden gekommen, und auch hier dient oft wieder die äußere Pracht der Verschleierung der inneren Leere. So schön Weihnachtsbräuche sein mögen, wenn sie den Menschen so weit von der ursprünglichen Idee entfernen, wirken sie absurd.

Betrachten wir den ursprünglichen Anlaß und Sinn der großen Feste genauer, wird deutlich, daß sie dem Menschen, ähnlich wie die anderen religiösen Rituale, sehr viel mehr zu geben haben.

Für Christen sind sie die Untermauerung ihres Glaubens und Anlaß zur Freude, aber auch weniger christlich eingestellten Menschen könnten diese Feiern das Prinzip Hoffnung vermitteln.

Große Lehrer der Philosophie und Psychologie haben immer wieder auf die symbolische Bedeutung aller Mythologien, Sagen, Märchen und schriftlichen Überlieferungen hingewiesen. Untersucht man zum Beispiel Weihnachten aus dieser Perspektive, so kann man feststellen, daß die Geburt Christi als Symbol weit über das reale Geschehen hinausweisen kann: Das Ereignis findet zur Zeit der Wintersonnenwende statt, das heißt, in den längsten, dunkelsten und kältesten Nächten, inmitten von Verfolgung und Not taucht ein Leitstern auf, der hinführt zur Geburt eines göttlichen Kindes als Hoffnungsträger und Hinweis auf eine lebenswerte Zukunft, als Keim für eine bessere Welt. Wir müssen den »Stern« nur sehen, das »Kind« bei uns einlassen. Die Mitte der Nacht, die dunkelste Stunde ist der Moment kurz vor Sonnenaufgang, dem Beginn des neuen Tages.

Wenn man dieses Bild wirklich in sich aufnimmt, verinnerlicht, kann es auch bei belasteten und geplagten Menschen eine große Kraft und Hoffnung entfalten. Der Zustand, in dem sich unsere Welt befindet, ist kein Gegenargument für Weihnachten oder den Glauben überhaupt. Wir sind frei in unserer Entscheidung, unsere Augen, Herzen und »Türen« zu öffnen, niemand hindert uns daran, sie verschlossen zu halten; wir können frei entscheiden, ob wir Glaubensgebote (oder »Empfehlungen«, wie sie im hebräischen Originaltext heißen) beachten wollen oder nicht; wir sind frei darin, an der Schöpfung mitzuwirken oder am Chaos.
Weihnachten ist ein guter Zeitpunkt, diesbezüglich den eigenen Standpunkt zu überprüfen und sich an dem Platz, an dem man steht, entsprechend zu verhalten. Wenn dies alle täten, sähe unsere Welt anders aus!
Überlegen Sie sich, wo in Ihrem Leben, Ihrer Ar-

beit, Ihren Beziehungen Sie Chaos verbreiten und
wo Sie ein gutes Gefühl haben; wo Sie Ihre Augen
und Ihr Herz versperren und ob das so bleiben soll.
Sie können nur hier und jetzt, bei sich selbst und in
Ihrem engsten Umfeld anfangen, die Welt zu ver-
ändern. Es ist allerdings leichter, sich hinzusetzen
und zu klagen, daß die Gesellschaft, die Politik, die
Umwelt, die Welt sind, wie sie sind, und der einzel-
ne leider machtlos ist…
Weihnachten wäre ein guter Anfang!

Auch die Oster-Geschichte hat uns, aus diesem Blickwinkel betrachtet, mehr zu erzählen. Zunächst ist auch sie eine Ermutigung, die Hoffnung auf Erlösung niemals aufzugeben. Nach größter Bedrängnis, Qual, Verzweiflung und sogar Tod führt sie zur Auferstehung, zur Befreiung des Geistes, zum endgültigen Leben. Darüber hinaus zeigt sie eine innere Haltung, einen Weg auf, mit unausweichlichem Schicksal, aber auch mit täglicher Mühsal umzugehen. Jesus, sonst kein stiller und ergebener Dulder, erkannte die Unabänderlichkeit seines Schicksals und nahm sie hin. Er trauerte, strauchelte unter seiner Last und brauchte Hilfe, er klagte und haderte, aber er lief nicht davon, wehrte sich nicht und verleugnete nicht seine Bestimmung. Er nahm sein Kreuz und ging.

Wir erleben in der psychotherapeutischen Praxis viele Beispiele für das Fehlen dieser Gesinnung, was das Leid potenziert. Es ist in unserer heutigen Gesellschaft sehr schwierig, ein vermeintlich ungerechtes Schicksal ohnmächtig hinzunehmen.

Anna, eine junge Frau Anfang Dreißig, erlitt bei ei-
nem unverschuldeten Unfall schwere Verletzun-
gen. Durch einen medizinischen Kunstfehler blieb
ein Bein funktionsuntüchtig, so daß sie in ihrer Be-
wegungsfähigkeit stark eingeschränkt war. Da sie
sehr sportlich war und ihre ganze Leidenschaft
dem Tanzen gegolten hatte, hielt sie ohne diese
Möglichkeit ihr weiteres Leben für sinnlos. Sie
suchte einen Spezialisten nach dem anderen auf,
übte verbissen, ohne sichtbaren Erfolg. Noch drei
Jahre später richtete sich ihr Wohlbefinden aus-
schließlich nach dem Gefühl in ihrem Bein; hatte
sie einen winzigen Erfolg, fühlte sie sich etwas bes-
ser, ansonsten war sie immer mehr in Depressivität
verfallen. Ihr gesamtes Denken hatte sich, auf der
Suche nach Wiedergutmachung und Wiederher-
stellung, auf den Unfall und seine Folgen einge-
schränkt. Sie hatte jedes andere Leben, jede andere
Fähigkeit aus dem Blickfeld verloren. Diese Weige-
rung, »ihr Kreuz auf sich zu nehmen«, bewirkte,
daß sie ihren Blick nicht mehr auf ihre verbliebe-
nen Möglichkeiten richten, ihre Ressourcen aus-
schöpfen konnte. Der anhaltende Groll und ihre
schmerzlichen Schuldgefühle (»wäre ich nur an
diesem Tag diesen Weg nicht gefahren«, »hätte ich
nur einen anderen Arzt gewählt«) verhinderten
echte Trauer, die schließlich bewirkt hätte, daß sie
ihr Schicksal hätte annehmen und unter Rücksicht-
nahme auf ihre Gegebenheiten (zum Beispiel mit
der Einplanung häufigerer Pausen) sich hätte neue
Lebensinhalte erschließen können.

Das Nicht-Akzeptieren von Lebensumständen und Fügungen, über die wir keine Macht haben (das heißt andererseits auch, daß wir unerträgliche Situationen, die wir verändern können, ändern dürfen!) und die wir deshalb nicht beeinflussen können, führt langfristig zu Verbitterung und Resignation.

Diese Verweigerung finden wir heutzutage nicht nur bei tragischen Ereignissen, sondern in unserem ganz alltäglichen Dasein. Eine alte, weise Therapeutin sagte einmal während unserer Ausbildung: »Erwachsen zu werden oder zu sein und Verantwortung zu übernehmen bedeutet, sich ins ›Joch‹ zu begeben, sich seiner Aufgabe zu stellen, die alltägliche Mühe auf sich zu nehmen, egal worin sie besteht. Erst dadurch entsteht echte Freude und Zufriedenheit.«

Die vorherrschende Meinung lautet heute eher, das Leben solle leicht, angenehm und problemlos sein, und viele hadern permanent mit ihrem Schicksal, weil das Leben sie eines Besseren belehrt.

Durch die verbreitete Verwechslung von Selbstverwirklichung mit Egoismus fordern wir von der Gesellschaft Hilfestellung überall dort, wo uns Opfer abverlangt werden: Der Staat soll unsere Kinder in entsprechenden Einrichtungen zu vernünftigen Menschen großziehen, soll dafür sorgen, daß wir für weniger Arbeit mehr Geld bekommen, soll sich um unsere Kranken und Alten kümmern. Unsere Kreuze sollen andere tragen, wir wollen unbeschwert leben.

Denken Sie sich einmal probehalber in die Vorstellung hinein, Ihr Schicksal und Ihre Lebensumstän-

de könnten Ihre ganz persönliche Aufgabe darstellen, die Sie zu innerer Weiterentwicklung und Reife führen möchte. Welcher Verantwortung möchten Sie entkommen, welches Kreuz würden Sie am liebsten verweigern? Was würde sich in Ihrem Leben verändern, wenn Sie es auf sich nehmen würden? Wie fühlt sich dieser Gedanke an, spüren Sie Erleichterung oder Beklemmung und warum?

Ein Kreuz zu übernehmen bedeutet immer, ein Opfer zu bringen, bewußt einen Verzicht zu leisten.

Auch dies ist ein Teil der großen religiösen Jahresfeste, besonders auch des Erntedankfestes und der Feiern für bestimmte Heilige, und es war immer schon Teil der meisten Rituale in allen Kulturen. Dadurch wurde der Mensch daran erinnert, daß er keinen selbstverständlichen Anspruch hat auf die Güter dieser Welt oder auch nur auf persönliches Glück. Aus dieser Haltung entwickelte sich Dankbarkeit für das, was man empfangen hatte, so daß man bereit war, auch zu geben bzw. dort, wo man etwas genommen hatte, für Ausgleich zu sorgen.

Wenn eine Gemeinschaft die Herstellung dieses Gleichgewichtes mißachtet und einen selbstverständlichen Anspruch auf alles erhebt, was sie zu benötigen scheint, läuft sie Gefahr, die Natur und den Rest der Menschheit auszubeuten. Dankbarkeit führt zurück zur Achtung der natürlichen Gesetzmäßigkeiten und zum Respekt vor dem Angewiesensein auf den Mitmenschen.

Für was können Sie in Ihrem Leben dankbar sein, womit sind Sie beschenkt worden? Welche Lebensumstände, welche Leistung, Zuwendung oder Hilfestellung Ihrer Mitmenschen nehmen Sie als selbstverständlich hin, ohne darüber nachzudenken? Denken Sie daran, daß Dankbarkeit Glücksgefühle vermitteln kann und unsere Liebesfähigkeit mitbestimmt.

Es wäre sehr schön, wenn Sie eines Ihrer alltäglichen Rituale, zum Beispiel beim Aufstehen oder Schlafengehen, mit einem Dank beginnen könnten.

Fasten

In fast allen Kulturen und Religionen stoßen wir auf das Fasten zu streng vorgeschriebenen Zeiten als spirituelle Übung. Darüber hinaus ist das Fasten ein seit Jahrtausenden bewährtes Mittel zur körperlichen und seelischen Reinigung und Heilung.

Naturheilkundlich orientierte Mediziner bestätigen und empfehlen das regelmäßige Fasten. Einmal im Jahr ist das Fasten als Gesundheitsvorsorge von großem Wert, da der Körper dabei entschlackt und entgiftet wird und seine Selbstheilungskräfte stärken kann. Da dabei auch Fettdepots abgebaut werden, mißverstehen viele eine Zeit des Fastens jedoch als Hungerkur. Dabei geht allerdings die eigentliche Bedeutung des Fastens verloren. Andererseits bringt die reine Hungerkur, wie wir im Kapitel Essen gesehen haben, nicht viel Erfolg.

Die religiösen Fasten-Vorschriften dienten der Schulung der inneren Einstellung und geistigen Haltung. Der körperliche Effekt war nur eine positive Begleiterscheinung. In erster Linie ging es um eine Entschlackung und Klärung des Geistes, so daß es, verbunden mit der Wirkung des Gebets, zu einer inneren Sammlung und erstaunlichen spirituellen Erfahrungen kommen konnte, deren Ziel die Verbindung zu Gott war. Darüber hinaus war das Fasten ein freiwilliger Akt der Selbstbeschränkung und Disziplinierung, der Selbstbefreiung von Abhängigkeiten und Gewohnheiten, wodurch es möglich wurde, den eigenen Körper, die Gedanken, Gefühle und Beziehungen völlig neu wahrzunehmen und zu überprüfen. Jesus ging in die Wüste, um zu fasten, das heißt, er zog sich von allen äußerlichen Einflüssen zurück, um sich in Ruhe und Abgeschiedenheit auf seine geistige Kraft zu konzentrieren.

Wenn wir nun in Betracht ziehen, was wir über den Vorgang des Betens und des Fastens wissen, und vergleichen, was die moderne medizinische Wissenschaft über die Bewältigung von Streß, Zivilisationserkrankungen und Umweltbelastungen herausgefunden hat, sehen wir, daß die Einhaltung einer regelmäßigen Fastenzeit eine der effizientesten Methoden ist, um eine umfassende Gesundheitsvorsorge zu betreiben.

Wenn Sie diese Erkenntnisse für sich nutzen wollen, besprechen Sie sich mit einem Arzt, und besor-

gen Sie sich eine gute Fastenanleitung. Schaffen Sie sich ein regelmäßiges Ritual, zum Beispiel im Frühjahr, indem Sie einige Tage fasten. Nehmen Sie lieber nur ganz wenige Tage, die Sie dann aber ganz bewußt für Ihre körperliche und geistig-seelische Regeneration verwenden. Besonders wichtig ist dabei die Ausschaltung der Reizüberflutung, der wir in unserem modernen Leben permanent ausgeliefert sind. Gehen Sie in die »Wüste«, und schaffen Sie sich eine Oase der Ruhe und Gelassenheit, ohne Telefon, Fernsehen, Radio, Lärm und Hektik. Ruhen Sie sich aus, führen Sie Entspannungsübungen durch, beten Sie, wenn Sie wollen, pflegen Sie sich, und gehen Sie in die Natur hinaus. Selbst ein oder zwei derart verbrachte Tage haben bereits eine erstaunliche Wirkung. Diese Übung kann übrigens auch Wunder wirken, wenn Sie eine schwierige Entscheidung zu treffen haben oder sich über etwas klarwerden müssen (auch dies wissen wir bereits aus der Bibel ...).

Man könnte die Liste der Wirkungen religiöser Rituale auf das menschliche Befinden beliebig erweitern, hier soll es nur darum gehen, das Bewußtsein für die Bedeutung wieder zu schärfen bzw. dazu anzuregen, sich auf die Suche nach eigenen Erfahrungen zu machen.

Heilungsrituale

Die beeindruckenden Spitzenleistungen der modernen Schulmedizin haben eine merkwürdige Kehrseite: Immer mehr Patienten fühlen sich immer weniger geborgen in der High-Tech-Medizin und suchen alternative Wege der Heilung und Selbstheilung. Untersucht man dieses Phänomen genauer, stößt man am ehesten auf die durch die Schulmedizin sträflich vernachlässigten psychischen und sozialen Faktoren des Heilens. Bewußte Dialoge und unbewußte Rituale bestimmen hier den Grad des Vertrauens und »Sich-aufgehoben-Fühlens« und damit die Anregung der Selbstheilungskräfte des Patienten. Das bislang in den Kinderschuhen steckende Studium der »spontanen Remissionen« (so nennen Mediziner die Fälle, in denen eine Krankheit auf unerklärliche Weise wieder verschwindet) könnte Aufschluß geben über Einflüsse und Kräfte, die hierbei am Werk sind. Eine diesbezügliche Hypothese lautet, daß die individuelle Stimulierung des Immunsystems eine wichtige Rolle sowohl bei spontanen Heilungen als auch bei den sogenannten Placebo-Effekten spielt. Aus der Psychoneuroimmunologie wissen wir, daß das Immunsystem auf psychische Gegebenheiten reagiert: Streß beispielsweise senkt unsere Abwehrkräfte, Glück und Entspannung regen sie an. Wir dürfen davon ausgehen, daß auch hier unbewußte Rituale, mit denen wir versuchen, im Krankheitsfall unsere innere Ordnung wiederherzustellen, ebenfalls gravierenden Einfluß nehmen. Seit Jahrtausenden findet Heilung in allen Kulturen mit Hilfe bewußter oder unbewußter Rituale statt.

In frühen Kulturen wurden bewußt Rituale eingesetzt, um dem Erkrankten ein Gefühl der Verbundenheit mit der Gemeinschaft und eine Perspektive der Gesundung zu vermitteln. Die Schamanen beispielsweise hatten Tänze, die Aborigines Heilgesänge, mit denen sie die Kranken umgaben. Neben der Gemeinschaft, der Minderung des Gefühls der Entfremdung bei dem Kranken, sollten die positiven spirituellen Kräfte des Erkrankten durch die der Teilnehmenden potenziert und so zu einem Heilreiz werden. Diese Rituale entwuchsen einer gemeinsamen Kultur und Sprache, einem gemeinsamen vertrauten Empfinden, und sie konnten so Angst und Depressivität, Gefühle von Hilf- und Hoffnungslosigkeit vermindern und gleichzeitig durch den Entspannungsimpuls die Gedanken klären und Grübeleien durchbrechen. Entscheidend dabei war immer die positive Stimmung, mit der der Kranke umgeben werden sollte. Wenn wir das Umfeld unserer Kranken heutzutage ansehen, sobald sie den häuslichen Bereich verlassen müssen, wird der Mangel sofort deutlich sichtbar. Die Medizin-Maschinerie, das hierarchische Gefälle zwischen Ärzten, Schwestern, Patienten, die rein funktionellen Bauten und Ausstattungen verstärken das Gefühl der Befremdung und Entfremdung, an dem der Patient durch seine Er-

90

krankung ohnehin schon leidet. Die wenigen positiven Rituale, die wir aufrechterhalten, wie das Mitbringen von Blumen, Konfekt, Obst, der Besuch am Krankenbett, eventuell das Versammeln der Familie, können den stark negativen Zug großer hektischer Medizinbetriebe kaum ausgleichen. Besonders dann, wenn es um schwere oder lebensbedrohliche Erkrankungen geht, die große Angst und Unsicherheit auslösen, sowohl bei den Kranken und Angehörigen als auch bei den Betreuenden.

Leider ist auch die Ausbildung in Heilberufen nach rein funktionellen und wissenschaftlichen Aspekten ausgerichtet; das unsichtbare Geflecht zwischenmenschlicher Beziehungen, der familiäre, religiöse, kulturelle Hintergrund, also alles, was die Persönlichkeit des Menschen ausmacht, wird nicht wahrgenommen und damit auch nicht dessen Bedeutung für das Vertrauen in die Behandlung. Darüber hinaus lernen die Angehörigen der Heilberufe nicht, wie sie mit großer menschlicher Not, Krisensituationen, Krankheit umgehen können, weder zum Wohl des Patienten noch zu ihrem eigenen. Sofern sie nicht selbst in einem religiösen, kulturellen oder philosophischen System verwurzelt sind, stehen sie oft hilflos und überfordert vor der menschlichen Zerbrechlichkeit und können sich nur hinter Apparate oder in Ablenkung flüchten.

Gelingt dies nicht mehr, werden Helfer selbst krank. So finden wir das sogenannte »Burning-out«-Syndrom, das Ausgebrannt-Sein, besonders häufig in helfenden Berufen. Neben anderen Faktoren wie Arbeitsüberlastung, große körperliche Anstrengung, häufige Schichtdienste, ist eine der Ursachen sicher in einem besonderen Konflikt zu suchen. Es gibt zwei bewußte oder unbewußte Hauptmotive, einen helfenden Beruf zu ergreifen:

Häufig ist damit die Hoffnung verbunden, über die Hilfe, die man gibt, Anerkennung und Zuneigung, das Gefühl des Gebrauchtwerdens zu bekommen, das heißt, es wird eigentlich nicht gegeben, um zu geben, sondern es wird gegeben, um zu bekommen. Da diese Rechnung nur selten aufgeht, setzen sich diese Helfer immer mehr ein, verausgaben sich immer mehr, bis sie völlig ausgelaugt sind und sich selbst verloren haben.

Die zweite Motivation, die häufig mit der ersten verquickt ist, ist der Wunsch nach einer sinnvollen Tätigkeit. Das Bedürfnis nach Sinn ist nach C. G. Jung in der Nähe der menschlichen Grundbedürfnisse anzusiedeln. Nach Theorien und Untersuchungen von Victor Frankl, R. Tausch u. a. entsteht Sinnempfindung in erster Linie durch den Einsatz für andere, durch Begeisterung für etwas, durch Hingabe an eine Aufgabe, also all das, was einen helfenden Beruf kennzeichnet. Dies scheint in Widerspruch zu dem Großteil unserer »Burning-out«-Patienten zu stehen, die nichts anderes tun, als sich bis zum Umfallen für ihre Arbeit einzusetzen. Halten wir uns noch einmal die erste Motivation vor Augen, so wird deutlich, daß Helfer in der Regel zwei wesentliche Voraussetzungen helfender Arbeit weder mitbringen noch in ihrer Ausbildung vermittelt bekommen.

Die erste wäre, sich selbst und seine Motive sehr gut zu kennen, so daß ein angemessenes Selbstwertgefühl wachsen könnte und eigene Hilfsbedürftigkeit entlarvt würde, ohne in den helfenden Beruf verschoben zu werden.

Die noch weitaus wichtigere Voraussetzung, um auf Dauer helfen zu können, ist sicher zu lernen, wie man mit Situationen an menschlichen Grenzen umgehen kann, wie ein Helfer sich vor Identifikationen schützt, wie er mitfühlen kann ohne mitzuleiden, wie er Grenzen setzen kann und wie es ihm gelingt, seine persönlichen Kraftquellen zu erschließen und aufzufüllen.

Um den oben aufgezeigten vermeintlichen Widerspruch aufzulösen: Um sich hingeben zu können, muß man sich selbst in Besitz genommen haben, was bedeutet, daß man auf sich achten kann, daß man soviel auch für sich tut, daß man körperlich und psychisch gesund bleibt. Auf dieser Basis des »Sich-selbst-bewußt-Seins« kann man geben, weil man geben möchte, weil man sich gefunden hat, und nicht, weil man auf der Suche ist. Die Belohnung hierfür ist sicher Sinnempfindung.

Einen wichtigen Anteil an diesem helferischen »Handwerkszeug« könnten wieder Rituale bilden, die ins Bewußtsein gehoben werden. Hier können wir sicherlich von den Urvölkern lernen, denn man darf nicht vergessen, daß deren Heilungsrituale nicht nur dem Kranken zugute kommen, sondern auch den Umgebenden, die in diesem gemeinsamen Gedankengut auch Kraft für sich selbst finden.

Gemeinsame Besinnungszeiten, Meditationen, Gespräche des betreuenden Teams können den einzelnen stützen und die Verbundenheit zum tragenden Netz werden lassen, anstatt daß durch hierarchische, oft sehr unsoziale Strukturen noch mehr Druck ausgeübt wird. Wenn Sie in einem helfenden Beruf tätig sind, fragen Sie sich, warum Sie diesen Beruf ursprünglich gewählt haben und warum Sie ihn heute ausüben. Überdenken Sie Ihre Arbeitshaltung und Ihre innere Einstellung. Lieben Sie sich selbst genug, um anderen etwas geben zu können? Sorgen Sie gut für sich?

Scheuen Sie nicht davor zurück, eine deutliche Grenze zwischen Ihrer Arbeit und Ihrem Privatleben zu ziehen. Wenn Sie Ihren Arbeitsplatz verlassen, distanzieren Sie sich bewußt auch innerlich; geht Ihnen ein Ereignis nach, sagen Sie sich etwas Ähnliches wie: »Ich habe getan, was ich heute tun konnte (soviel oder wenig das, je nach Verfassung, auch gewesen sein mag), mehr steht nicht in meiner Macht; ich beuge mich vor dem Schicksal des anderen Menschen und lasse ihn zurück.« Lernen Sie »nein« zu sagen, und geben Sie den Druck, der durch Überlastung entsteht, nicht nach »unten« weiter, sondern zurück nach »oben« zu den Verantwortlichen. Nur so können sich langfristig Strukturen ändern. Gönnen Sie sich ausreichend Erholung, es nützt niemandem, wenn auch Sie krank werden. Suchen Sie sich Ihre persönlichen bewußten Rituale, um Ihren Gefühlen gerecht zu werden und sich Kraftquellen zu erschließen.

Aktivierung von Selbstheilungskräften

Kehren wir zurück zum Kranken selbst. Er kommt nun also, eingeliefert in eine Klinik, für seinen Körper in den Genuß modernster medizinischer Errungenschaften, während seine Seele auf der Strecke bleibt. Wir wissen mittlerweile jedoch, daß das seelische Befinden den Heilungsprozeß entscheidend beeinflußt. Sind sich der Kranke oder seine Angehörigen dessen bewußt, beginnt für sie die Suche nach einer Möglichkeit, die seelischen Kräfte zu entfalten und zu nutzen. In der Schulmedizin finden sie dabei, häufiger mehr aus Zeitmangel denn aus Ignoranz oder Ablehnung, in der Regel wenig Unterstützung. In der Folge entdecken sie eine Flut von Schriften und Methoden der alternativen bis esoterischen Medizin.

Da bis heute niemand genau weiß, wodurch die Aktivierung der Selbstheilungskräfte tatsächlich ausgelöst wird, und selbst die diesbezügliche Forschung größte Mühe hat, gemeinsame Nenner zu finden, bleibt viel Raum für Spekulationen und wohlgemeinte Ratschläge. Instinktiv sucht jeder hierbei eine positive Ausrichtung, so daß sich der Kranke alsbald mit Anleitungen und Vorschlägen überhäuft sieht, eine positive Einstellung zu finden, positiv zu denken.

Hier beginnt eine gefährliche Verwechslung. Es ist sicher richtig, daß es dem Kranken guttut, wenn er Glaube und Zuversicht entwickeln kann. Wir wissen aus der Placebo-Forschung, daß allein der Glaube an die Wirksamkeit einer Substanz eine nachweisliche

Reaktion auslösen kann. Im menschlichen Organismus sind also Kräfte wie Glaube, Hoffnung, Vertrauen und Erwartung als äußerst wirksame Stimulanzien am Werk.

Nur sind diese Kräfte meist nicht mit der simplen Aufforderung, seine Gedanken positiv auszurichten, zu entfalten. Im Gegenteil: Für Schwerkranke, für Menschen, die über ihren Gesundheitszustand verzweifelt sind, für Depressive und für Menschen mit einem schweren Schicksal können diese Anweisungen der pure Hohn und Quelle neuer Versagensgefühle sein.

Es ist andererseits für Schwerkranke ebenso eine Zumutung, mit ihnen analysieren zu wollen, was in ihrem Leben alles schiefgelaufen ist, daß es soweit kommen konnte.

Ich denke hierbei vor allem an Krebskranke, die durch die unterschiedlichsten Spekulationen über die Entstehung von Krebs sehr leicht unter psychischen Druck geraten.

Neben dem zu gegebener Zeit sicher notwendigen Verstehen als Voraussetzung, eine Haltung zu verändern, geht es für den Patienten im akuten Krankheitszustand in erster Linie um das Nutzbar-Machen seiner Ressourcen.

Das positive Denken stellt an den Menschen zunächst eine Forderung. Er soll seine Trauer, seine Ängste und Zweifel vergessen und sich positive Gedanken suggerieren. Das heißt, er muß seine negativen Gedanken und Gefühle zur Seite schieben, um sich positive Gedanken aufzubauen. Wir wissen aus der Psychotherapie, daß derart blockierte Gefühle eine katastrophale Eigendynamik entwickeln können, so daß u. U. das Gegenteil von dem erreicht wird, was ursprünglich bezweckt werden sollte.

Besinnen wir uns auf die Funktion unserer Rituale. Rituale wurden geschaffen, um in schwierigen Lebensphasen einen Weg zu finden von einer alten Ordnung zu einer neuen Ordnung. Innerhalb des Rituals wurden sämtliche Gefühle, die des Abschieds, der Trauer, der Angst und der Zweifel, aber schließlich auch die der Hoffnung und des Vertrauens, nicht nur akzeptiert und angenommen, sondern gewürdigt. Die Hoffnung und Erfahrung dabei war, daß das gleichberechtigte und selbstverständliche Betrachten sämtlicher Gefühle den Impuls der Zuversicht in die Zukunft gibt. Es ging hierbei also weder um das Analysieren noch um das Ausklammern negativer Gefühle, sondern um deren Integration, um das Sich-berühren- und Sich-bewegen-Lassen. Nur aus der Integration können positive seelische Kräfte erwachsen.

Die Selbstheilungsmechanismen eines jeden einzelnen Menschen sind individuell höchst unterschiedlich. Vielleicht tun wir uns deshalb schwer, auch nur annähernd allgemein gültige Muster zu entwickeln, und vielleicht sind auch darin die Schwierigkeiten vieler von uns mit vorgegebenen Ritualen begründet.

Es ist kaum zu leugnen, daß der Mensch in einer schwierigen Situation unbewußt bereits auf Äußerlichkeiten und Signale reagiert, denen er unter anderen Umständen keine größere Bedeutung beimessen würde. Farben, Gerüche, Geräusche, vor allem aber unbewußte Signale zwischenmenschlicher Interaktion, wie zum Beispiel ein Stirnrunzeln des Arztes, die Nervosität der Schwester, eine bestimmte Geste oder Schwingung in der Stimme, wertet der Patient als Anlaß zu Hoffnung oder Hoffnungslosigkeit, zu Erleichterung oder Angst. Sie schenken ihm Vertrauen oder machen ihn mißtrauisch. Er reagiert innerhalb seines Selbstheilungssystems auf diese Signale, schließt kleine abergläubische Verträge mit sich selbst ab, entwickelt kleine Rituale, ohne daß dies ihm zu Bewußtsein käme.

Der erkrankte Mensch sucht also ohnehin nach äußeren und inneren Anhaltspunkten, um zu einer neuen Ordnung zu finden. So gesehen kann es nur hilfreich und wohltuend sein, diese Bemühungen aus dem Schatten des Unterbewußtseins an das Licht des Bewußtseins zu heben.

Schon die bewußte Gestaltung der Umgebung eines Kranken nach psychologischen Erkenntnissen über Farben, Licht und Heilungssymbole, schon größte Sorgfalt, Klarheit und Eindeutigkeit im Umgang und im Gespräch mit dem Kranken können Heilreize darstellen. Mit der Suche nach brauchbaren Modellen, um die inneren Selbstheilungskräfte bewußt zu aktivieren, aus denen sich ein zeitgemäßes Potential an Heilungsritualen entwickeln ließe, wird es schon schwieriger.

Es gibt schon seit Jahren Ärzte und Therapeuten, die mit den verschiedensten Techniken versuchen, Konzepte zu erstellen, um diesen wichtigen Bereich zu erfassen.

Ein berühmtes Beispiel ist das Therapeutenpaar Carl und Stephanie Simonton. Die Simontons interessierten sich als Onkologe und Psychologin in ihrer Arbeit mit Krebskranken für die unterschiedlichen Krankheits- und Heilungsverläufe von Krebspatienten mit gleicher Diagnose und Prognose. Dabei stießen sie auf große Unterschiede in der Einstellung und dem Überlebenswillen bei ihren Patienten, was den Verlauf der Erkrankung entscheidend zu beeinflussen schien. Auch wenn die Korrelation oft wissenschaftlich nicht haltbar war, ergab sich dennoch eine wesentliche Verbesserung der Lebensqualität. Mit Hilfe der Motivationspsychologie entwickelten die Simontons Übungen, mit denen sie versuchten, die Einstellung, die Lebenskraft und den Überlebenswillen ihrer Patienten zu stimulieren. Ein entscheidender Ansatz dabei war, daß der Patient Heilung nicht mehr als etwas Passives erfuhr, was andere von außen mit ihm machten, sondern daß er aktiv daran mitwirken konnte. Unter anderem setzten die Simontons dabei sogenannte Visualisierungsübungen ein. Der Patient soll sich in einem Zustand vollkommener Entspannung das gewünschte Behandlungsziel und den Weg dorthin bildlich vorstellen. Dabei erhält er folgende Anweisungen:

»1. *Ziehe dich in ein stilles Zimmer mit gedämpftem Licht zurück. Schließe die Tür. Mache es dir auf einem Stuhl oder in einem Sessel bequem. Achte darauf, daß beide Fußsohlen ganz den Boden berühren. Schließe die Augen.*

2. *Rufe dir ins Bewußtsein, daß du atmest.*

3. *Atme ein paarmal tief ein, und jedesmal, wenn du ausatmest, sprich im stillen das Wort »Entspanne«.*

4. *Konzentriere dich auf dein Gesicht und stelle dir die Spannung bildlich vor – als Seil mit einem Knoten oder als geballte Faust –, und dann stelle dir weiter bildlich vor, wie sie lockerer und lockerer wird, bis sie einem schlaffen Gummiband oder einem leeren Handschuh gleicht.*

5. *Fühle, wie sich dein Gesicht und deine Augen entspannen. Fühle, wie die Entspannung sich wie eine Welle über deinen Körper ausbreitet.*

6. *Presse die Augenlider fest aufeinander und spanne dabei deine Gesichtsmuskeln. Nun entspanne sie wieder. Jetzt spüre, wie sich die Entspannung deinem ganzen Körper mitteilt.*

7. *Nun gleite langsam Stück für Stück deinen Körper entlang – Kiefer, Hals, Schultern, Rücken, Ober- und Unterarme, Hände, Brust, Bauch, Unterleib, Oberschenkel, Waden, Füße –, bis jeder Körperteil völlig entspannt ist. Stelle dir jedesmal die Spannung bildlich vor. Und stelle dir vor, wie sie sich langsam löst. Nun bist du entspannt.*

8. *Nun stelle dir vor, du befindest dich in einer schönen Gegend – wo immer es dir gefällt. Male dir in deiner Vorstellung die Farben, die Geräusche und die Beschaffenheit dieser Landschaft in allen Einzelheiten aus.*

9. Stelle dir zwei, drei Minuten lang vor, wie du völlig gelöst an diesem schönen Ort verweilst.

10. Dann stelle dir den Krebs entweder in seiner wirklichen oder in einer symbolischen Gestalt vor. Denke daran, daß die Tumoren aus schwachen, ungeordneten Zellen bestehen. Erinnere dich daran, daß unser Körper im Laufe unseres Lebens krebsige Zellen zu Tausenden zerstört. Während du dir den Krebs bildlich vorstellst, mache dir klar, daß dein körpereigenes Abwehrsystem seine natürliche, gesunde Funktionsfähigkeit zurückerhalten muß, wenn du genesen willst.

11. Wirst du zur Zeit gegen Krebs behandelt, so stelle dir vor, wie sich die Behandlung in deinem Körper auswirkt. Wirst du mit Strahlen behandelt, stelle dir einen Strahl aus Millionen von Energiekügelchen vor, die jede Zelle auf ihrem Weg beschädigen. Normale Zellen können den Schaden reparieren, Krebszellen dagegen nicht, da sie schwach sind. (Dies ist einer der fundamentalen Fakten, auf denen die Strahlentherapie basiert.) Wirst du mit Chemotherapie behandelt, dann stelle dir vor, wie das Medikament in deinen Körper und deine Blutbahnen eindringt.

Stelle dir vor, daß das Medikament wie ein Gift wirkt. Die normalen Zellen sind intelligent und stark und nehmen das Gift nicht so bereitwillig auf. Die Krebszelle dagegen ist *schwach, und so ist es leicht, sie abzutöten. Sie absorbiert Gift, stirbt ab und wird aus dem Körper hinausgeschwemmt.*

12. *Stelle dir bildlich vor, wie sich deine weißen Blutkörperchen in jene Körperzone begeben, wo sich Krebs gebildet hat, wie sie die anomalen Zellen entdecken und zerstören – ein riesiges Heer von weißen Blutkörperchen. Sie sind sehr stark und angriffslustig, lebhaft und gewandt. Die Krebszellen können nichts gegen sie ausrichten. Die weißen Blutkörperchen gewinnen die Schlacht.*

13. *Stelle dir dann bildlich vor, wie der Krebs schrumpft. Sieh es vor dir, wie die abgestorbenen Zellen von den weißen Blutkörperchen fortgetragen und durch Leber und Nieren, mit dem Urin und dem Stuhl aus dem Körper gespült werden.*
– Dies ist deine Erwartung, die von dir gewünschte Entwicklung.
– Stelle dir den schrumpfenden Krebs so lange vor, bis er völlig verschwunden ist.
– Sieh dich jetzt selbst, mit mehr Energie und stärkerem Willen. Du fühlst dich im Kreis der Familie geliebt und geborgen, während der Krebs schrumpft und schrumpft und schließlich verschwindet.

14. *Leidest du an irgendwelchen Schmerzen, dann stelle dir vor, wie das Heer der weißen Blutkörperchen an jene Stelle strömt und den Schmerz besänftigt. Welches Problem dir auch*

zusetzen mag, erteile deinem Körper den Befehl, sich selbst zu heilen. Stelle es dir bildlich vor, wie dein Körper gesund wird.

15. *Sieh dich selber von Leiden befreit, voll Energie und gesund.*

16. *Stelle dir bildlich vor, wie du deine Lebensziele erreichst, daß es deinen Familienangehörigen gutgeht, daß sich die Beziehungen zu den Menschen vertiefen. Wenn du zwingende Gründe für deinen Wunsch hast, gesund zu werden, dann werden diese dir helfen, tatsächlich gesund zu werden. Nutze daher diese Minuten, um zu klären, was dir in deinem Leben wirklich wichtig ist.*

17. *Klopfe dir im Geist lobend für deine persönliche Mitarbeit bei deiner Heilung auf die Schulter. Stelle dir vor, wie du diese Übung dreimal täglich durchführst und dem Geschehen gegenüber bewußt und wachsam bleibst.*

18. *Lockere jetzt deine Augenlider und werde dir wieder bewußt, daß du dich in deinem Zimmer befindest.*

19. *Öffne die Augen. Du bist jetzt wieder bereit, deinen gewohnten Tätigkeiten nachzugehen.«*

(Anweisungen aus dem Buch »Wieder gesund werden«, Seite 179–183).

Auch die Simontons bemerkten, daß negative Gefühle, alte Ressentiments und alter Groll den Erfolg, die Selbstheilungskräfte zu stärken, oft in Frage stellten oder blockierten. So versuchten sie, zusätzliche Wege aufzuzeigen, negative Gefühle zu überwinden oder zu verwandeln, beispielsweise innerem Groll Vergebung und gute Wünsche entgegenzusetzen.

Hier begegnen wir Gedanken, die ursprünglich auch dem positiven Denken zugrunde lagen. Das positive Denken wurde, bevor es von geschäftstüchtigen Autoren für die Esoterik entdeckt und seiner Wurzeln beraubt wurde, von Geistlichen entwickelt, die den Gläubigen die spirituelle Seite des Neuen Testaments nahebringen wollten.

Dem seinerzeit in erster Linie durch die Kirche beschriebenen fordernden und strafenden Gott sollte der gütige, hilfreiche Gott gegenübergestellt werden, der zahllose Verheißungen hinterlassen hatte. Negative Gefühle sollten nicht als schädigend ausgemerzt, sondern verwandelt werden, indem sie Gott übergeben werden durften. So konnte der Gläubige tatsächlich eine innere Last ablegen und seine positiven Kräfte entfalten. Leider verkümmerte das positive Denken ohne seine religiösen Wurzeln zu einer autosuggestiven Technik, die der Gesamtheit menschlicher Gefühle nicht mehr gerecht wird.

Betrachten wir die Methode der Simontons stellvertretend für viele ähnliche, so finden wir viele Parallelen zur Entstehung und Durchführung von Ritualen in anderen Kulturen. Der kranke Mensch hat seine bisherige Ordnung verlassen. Seine Krankheit zeigt ihm, und es wäre schön, wenn er sich dessen bewußt würde, daß seine innere Balance nicht länger aufrechtzuerhalten war und es an der Zeit ist, eine neue Ordnung zu suchen. Das heißt, eine Zeit der

Krankheit ist immer auch eine Übergangsphase im Leben eines Menschen.

Mit Hilfe bewußter Rituale könnte er diesen Zustand als aktiv zu bewältigende Aufgabe empfinden und nicht nur als ungerechten Schicksalsschlag.

Die individuelle detaillierte Ausgestaltung seiner persönlichen Rituale muß sinnvollerweise jeder für sich selbst übernehmen. Hilfreich als grobes Gerüst kann dabei die Quintessenz vieler Entspannungs-, Meditations- und spiritueller Techniken sein. Allen gemeinsam ist die Aufforderung, sich völlig zu entspannen und gleichzeitig bewußt zu spüren. Im Zustand dieser Entspannung können wohltuende innere Bilder (wie zum Beispiel ein geliebter Ort, eine erfrischende Quelle, ein warmes Licht, ein Sich-getragen- und -geborgen-Fühlen) oder auch gewünschte Gesundungsziele visualisiert werden. Wer sich je angenehmen inneren Bildern überlassen hat, wird nachvollziehen können, wieviel positive Energie daraus erwächst. Negative Gefühle und ihre Lösungsansätze (Vergebung, Vertrauen, Akzeptanz, Übergabe an eine höhere Instanz) haben ihren Platz innerhalb des Rituals, bevor die Entspannung beginnt. Das heißt, das Ritual sollte mit einem entspannten Wohlgefühl abgeschlossen werden.

Auf diese Weise können Sie sich einen »inneren Urlaubsort« schaffen, der Ihnen täglich Erholung bieten kann und damit eine hervorragende Vorsorge und Gesundheitspflege darstellt.
Wenn Sie dennoch krank geworden sind, denken

Sie außer über die körperliche auch über die seelische Ursache nach. Welches Ihrer Lebensprinzipien haben Sie vernachlässigt, welches negative Gefühl übergangen? Respektieren Sie Ihre Erkrankung als Signal Ihres Körpers, und geben Sie sich die Möglichkeit, Ihre innere Balance wiederzufinden. Sie können die oben beschriebene Übung für Ihre Erkrankung entsprechend verändern oder eine ähnliche finden.

Unterstützen Sie Ihren Körper durch naturheilkundliche Anwendungen aus der Pflanzenheilkunde, Homöopathie, Ernährungslehre oder Wasserheilkunde.

Umgeben Sie sich mit Dingen, die Sie gerne um sich haben, wenn Ihnen danach zumute ist, beschäftigen Sie sich mit etwas Angenehmem. Zwingen Sie sich zu nichts, vor allem nicht dazu, so schnell wie möglich wieder zu funktionieren. Sie wären nicht krank geworden, wenn Sie diese Pause nicht benötigen würden.

Magische Rituale

Magische Heilungen

Wenn man sich mit Heilungsritualen befaßt, stößt man unweigerlich auch auf sogenannte magische Heilungen.

Diese sind das Resultat oft zweifelhafter, manchmal absurder Rituale, mit deren Hilfe dennoch eine Krankheit zum Verschwinden gebracht wurde.

Die Geschichte zeigt, daß Medizin und Magie derselben Quelle entstammen und Jahrtausende lang eng miteinander verknüpft waren. Die Grenze zwischen Heil- und Zauberkunst war immer schon schwierig zu ziehen, und oft war es ein und dasselbe. Immer schon haben Zauberer, Medizinmänner und auch Heilkundige Amulette, Pulver und Kräuter dazu verwendet, den Kranken ein Ritual ausführen zu lassen, das schließlich seiner Gesundung diente. Da der Mensch das letzte Geheimnis seines Daseins vermutlich nie durchdringen wird, gab es schon immer im Geist vieler Menschen einen Raum für Geheimnisvolles, Wunderbares.

Der Alltag ist zu alltäglich, zu profan, um die Phantasie diesbezüglich zu beflügeln. So entsteht reichlich Platz für esoterische, okkulte und parapsychologische Theorien und Phänomene.

Anhänger von Geheimlehren und Geheimbünden

gab es schon immer. In früheren Jahrhunderten war das sicher darin begründet, daß viele Ereignisse, die den Menschen betrafen, unerklärlich schienen und so im Bereich der Mystik und der Magie angesiedelt wurden. Erstaunlicherweise erleben aber mystische und esoterische Geheimlehren gerade heutzutage wieder einen Boom, in einer Zeit, in der die Wissenschaft nahezu für jedes Phänomen eine Erklärung bereithält. Unsere vorherrschende Kultur und Wissenschaft wird von einer Überbewertung von Prinzipien wie Rationalität, Wissenschaftlichkeit, Zielstrebigkeit, Glaube an Technologie und Fortschritt bestimmt. Daraus ergeben sich Wertsysteme, die zu hervorragenden Erkenntnissen, aber auch zu einem einseitigen Selbstzweck von Technologie und Wissenschaft führen und damit – unter Anbetung der Götzen Macht und Geld – immer häufiger vernichtende Katastrophen verursachen. Die Wissenschaft hat die Verbindung zu unseren menschlichen Intuitionen und Instinkten, die dem Leben dienen, nahezu verloren.

Der Mensch hat jedoch ein spirituelles Grundbedürfnis, das heißt ein Bedürfnis, sein Leben in einem sinngebenden Kontext zu begreifen. Da in unserer Kultur jedoch selbst Glaubenssysteme in der Regel dem obengenannten Prinzip folgen und kaum Zugang zu ihren spirituellen Wurzeln haben, finden viele Menschen keine Anleitung, wie sie dieses Bedürfnis befriedigen könnten.

Die Gesellschaft, die Medizin und die Kirche unterstützen damit also den Zulauf zu den Sekten und »modernen Zauberern«.

108

Magische Heilungen kommen in der Regel durch Außenseiter zustande, die ihre »Heilkräfte« mittels ungewöhnlicher Methoden zum Einsatz bringen. Kranke, die den Weg dorthin finden, befinden sich häufig ebenfalls in einer Außenseiterposition. Meistens haben sie schon alle herkömmlichen Heilmethoden ausprobiert, ohne daß sie Hilfe finden konnten. Auf der Suche nach einem alternativen Heiler wächst die Not und auch die Bereitschaft, an die Wirksamkeit von irgend etwas zu glauben, wie wir vorhin gehört haben, um so mehr, wenn dabei die dafür ansprechbare Nische im menschlichen Geist gefunden wird. Dies mag erklären, warum häufig die Heilwirkung um so größer ist, je absurder das durchgeführte Ritual sich darstellt. Für manche Menschen muß erst der Bereich der Logik und Vernunft gänzlich verlassen sein, um die Kraft von Spiritualität und Intuition freizusetzen.

Das magische Ritual folgt verschiedenen Regeln. Gewöhnlich muß der Kranke selbst aktiv werden.

Warzen müssen um Mitternacht bei Vollmond über einem faulingen Baumstumpf besprochen werden. Ekzeme und Geschwüre müssen mit dem Absud von bei zunehmendem Mond selbst gesammelten Kräutern betupft werden, mitgegebene Flüssigkeiten bei Kerzenlicht siebenmal geschüttelt werden, bevor sieben Tropfen eingenommen werden.

Durch seine persönliche Aktivität stellt der Erkrankte einen neuen Bezug zu sich, zu seiner Krankheit und zu seiner Krisensituation her, er kann endlich etwas tun.

Unumgänglich wird er dabei mit seinen Gefühlen konfrontiert, er steht zu seiner Angst und seinem Kummer und bannt sie; und er beschwört gleichzeitig seine Hoffnung und seine Wünsche. Die Außergewöhnlichkeit dieser Situation entspricht seinem inneren Befinden, er fühlt sich entfremdet und andersartig, so daß auch die Behandlungsmethode ungewöhnlich bis befremdlich sein darf. Die neue Behandlungsweise erweitert sein Bewußtsein. All das zusammengenommen kann eine enorme magische Kraft freisetzen, die schließlich zur Heilung führen kann.

Der Glaube versetzt Berge; der Glaube vermag zu heilen. Er kann psychische Kräfte mobilisieren, die dem Kranken dazu verhelfen, sein verlorenes körperlich-geistig-seelisches Gleichgewicht wiederherzustellen und zu gesunden.

Ich möchte mir kein Urteil darüber anmaßen, ob bei magischen Heilungen oder auch bei Wunderheilungen wie zum Beispiel an Wallfahrtsorten noch andere Kräfte als der Glaube wirken.

Schon zu oft sind Heilungen in den Bereich der Magie verbannt worden, wo nur das Verständnis und der Horizont der Erklärenden nicht ausreichten.

Voodoo, Zauber, Schwarze Magie

Magische Rituale wurden und werden zu allen Zeiten nicht nur dazu verwendet, Menschen zu heilen oder sie psychisch zu stabilisieren. Mit Hilfe magischer Handlungen suchte der Mensch seinen eigenen Willen auf seine Umwelt und sein Schicksal zu übertragen, dabei glaubte er an eine inhärente Macht, die, einmal aktiviert, die Erfüllung seiner Wünsche bewerkstelligen konnte.

Der Voodoo-Kult – die Bezeichnung ist die Entstellung des afrikanischen Wortes für Schutzgeist – ist bis heute weit verbreitet im karibischen, südamerikanischen und afrikanischen Raum. Es handelt sich dabei um einen einheimischen Geheimkult, dessen Hauptmerkmal die Verehrung einer großen Anzahl polytheistischer Gottheiten ist, die während der in großer Gemeinschaft durchgeführten Rituale von ihren Anbetern während ekstatischer Trance oder ekstatischer Tänze »Besitz ergreifen« und so von Alltagsnot und Krankheit befreien sollen. Die Anhängerschaft hofft, durch die etwa einmal im Monat stattfindenden Rituale das Böse auszutreiben.

Im allgemeinen Sprachgebrauch werden heute unter dem Begriff »Voodoo« alle auch auf amerikanischem Boden entstandenen Zauberriten afrikanischen Ursprungs verstanden. Dabei werden auch Praktiken einbezogen, die mehr der »Schwarzen Magie« angehören. Während die Riten der sogenannten »Weißen Magie« ohne schädigende Absicht lediglich der Vermehrung irgendwelcher Güter oder Fähigkeiten dienen, geht es in der »Schwarzen Magie« um den bewußten Wunsch, schädigenden Einfluß auf die Gesundheit, das Leben oder den Besitz eines Gegners oder einer gegnerischen Gruppe zu nehmen. Bei derartigen Handlungen dient oft ein Gegenstand als Projektionsfläche der negativen Absicht, so soll zum Beispiel mit der symbolischen Erdolchung einer Puppe der Tod eines Gegners heraufbeschworen werden.

Reinhard, ein 45jähriger Biologe, der lange Jahre im Entwicklungsdienst gearbeitet hatte, kam zur psychotherapeutischen Sprechstunde, da er seine Arbeit, wegen der er aus dem Ausland zurückgekehrt war, verloren hatte. Er könne sich mit seiner Arbeitslosigkeit nicht abfinden und habe seither unkontrollierbare Wutausbrüche. Da er ein engagierter und erfolgreicher Hobbymaler war und auch nicht unter Geldmangel litt, wurde der Grund seiner Verzweiflung über den verlorenen Arbeitsplatz nicht so recht plausibel, vielmehr schien er unter etwas anderem zu leiden. Nachdem er in vielen Sitzungen von seinen Erlebnissen und Aufgaben in der Entwicklungshilfe erzählt hatte und nach und nach Vertrauen faßte, erzählte er schließlich beschämt und beunruhigt folgende Geschichte:
Als er den Job als leitender Angestellter in einem privaten medizinischen Labor angenommen habe, habe er sich eine spätere Teilhaberschaft erhofft und von Anfang an mit vollem Einsatz seine Ideen und seine Kraft eingebracht. Schließlich habe sein Chef eine seiner Ideen sehr erfolgreich vermarktet, ohne ihm eine Provision oder eine Partnerschaft anzubieten. Darüber seien sie in eine heftige eskalierende Auseinandersetzung geraten, in deren Verlauf sein Chef ihn fristlos entlassen habe. Damit

habe er sich nicht abfinden können, seine ent-
täuschten Hoffnungen und der Streit hätten in ihm
weitergebohrt, bis er schließlich wie besessen an
nichts anderes mehr denken konnte und Rachege-
danken verfiel. Er erinnerte sich an Voodoo-Zere-
monien, an denen er aus Neugierde teilgenommen
hatte, und beschloß, selbst eine auszuprobieren, vor
allem, um dem »Spuk in ihm« ein Ende zu setzen.
Eines Samstagabends, nach Gestaltung einer ent-
sprechenden Atmosphäre, band er unter Anwen-
dung beschwörender Formeln eine Strohpuppe und
belegte sie mit Verwünschungen, die sich auf den
wirtschaftlichen Erfolg des Labors bezogen.
Schließlich zündete er die Strohpuppe in seinem
Kamin feierlich an und schickte mit dem Rauch sei-
ne Rachegedanken auf den Weg. Am folgenden
Montag erfuhr er, daß am Samstagabend aus rät-
selhaften, unerklärlichen Gründen in dem Labor
ein Feuer ausgebrochen sei und es völlig vernichtet
hatte.
Seitdem habe er Angst vor diesen geheimnisvollen
Kräften, an die er nicht einmal wirklich geglaubt
hatte, und könne nicht mehr schlafen. Er könne die
Geister, die er gerufen habe, nicht mehr loswerden.
Es dauerte eine ganze Weile, bis Reinhard eine
neue Orientierung fand und seine Erlebnisse
schließlich in seiner Malerei verarbeitete.

Wir finden heutzutage eine zunehmende Hinwendung zu magischen Ritualen aller Art, sowohl in den
Kreisen Jugendlicher als auch Erwachsener. Die einen

fühlen sich zur »Weißen Magie« hingezogen, die in der Regel der esoterischen Szene entspringt und dem eigenen Leben Macht und Bedeutung verleihen soll. Andere suchen den gefährlichen beängstigenden Reiz der »Schwarzen Magie«, vom Tischerücken bis zur Geisterbeschwörung, und werden häufig mit den Folgen ihrer Erlebnisse, wie immer sie zustande gekommen sein mögen, nicht mehr fertig.

Dahinter mag der Wunsch stehen, der Belanglosigkeit des Alltags etwas mehr Bedeutung und Intensität abzuringen, vielleicht ist es aber auch der Versuch, mangels »echter« Rituale der zunehmenden Anonymität und Unverbindlichkeit unserer Gesellschaft ein gemeinschaftliches Erleben gegenüberzustellen.

Hypnose, Suggestion, Affirmationen

Zu dem Bereich der »positiven« magischen Rituale könnte man noch die Anwendung der Fremd- und Autosuggestion zählen. Aufzeichnungen zufolge wurde schon im alten Ägypten Hypnose als Heilmittel verwendet. In den folgenden Jahrtausenden bedienten sich in den verschiedensten Kulturen Ärzte, Priester, Magier und Yogis der Hypnose, teils um Heilung zu vermitteln, teils um spektakuläre Effekte zu erzielen. Aus wissenschaftlicher Sicht wurden die dabei angewandten Methoden lange Zeit mehr der Magie als der Medizin zugeordnet.

Heute ist aufgrund intensiver Forschungen die Hypnose ein anerkanntes Verfahren, dessen therapeutischer Wert nicht mehr in Zweifel gezogen, wenngleich auch noch nicht häufig genug genutzt wird. Bei der Hypnose wird der Klient durch ein bestimmtes Ritual von Worten in eine hypnotische Trance versetzt, einen Zustand, der zwischen dem Wachbewußtsein und dem Schlaf anzusiedeln ist. In diesem Zustand kann der Mensch Erholung finden, man kann sonst autonome Organfunktionen beeinflussen, den Muskeltonus verändern, Gewohnheiten und Stimmungen annehmen oder aufgeben, das Schmerzempfinden stark herabsetzen oder bestimmte Leistungen steigern, wie zum Beispiel das Erinnerungsvermögen. Entgegen der gängigen Vorstellung und der Dramaturgie mancher Filme bedarf es bei der Hypnose der Zustimmung des »Opfers« und seines Vertrauens in den Hypnotiseur.

Als logische Weiterentwicklung der Fremdhypnose entstanden verschiedene Lehren und Techniken der Autosuggestion. Die heute bekannteste und wohl fundierteste Methode ist das Autogene Training nach J. H. Schultz, das, nach ärztlicher Anleitung, vielen streßgeplagten und verkrampften Menschen zu Entspannung und Beruhigung verhilft.

Darüber hinaus wurde und wird die Autosuggestion im Bereich der Außenseiter-Medizin und der Esoterik angewendet, was dazu führte, daß ihre außerordentliche Bedeutung für das Wohlergehen des Menschen in der offiziellen Heilkunde völlig verkannt wurde.

In diesem Zusammenhang haben wir das »Positive Denken« bei den Heilungsritualen bereits betrachtet. Zudem gibt es eine zunehmende Flut von Lehren und Schriften, die Vorschläge zu positiven Autosuggestionen und Affirmationen machen. Dahinter steht in der Regel die Idee, daß der Mensch durch seine Gedanken und Gefühle nicht nur die Wahrnehmung seiner Wirklichkeit, sondern die Wirklichkeit selbst beeinflußt. Vereinfacht gesagt, soll jede Vorstellung, von der man innerlich genug überzeugt ist, auch zur Realität werden. Wie wir beim »Positiven Denken« gesehen haben, ist der Versuch, dies umzusetzen, nicht immer ganz ungefährlich, weil manchmal geradezu das Gegenteil erreicht wird.

Trotzdem soll nicht geleugnet werden, daß positive Affirmationen – richtig angewandt und eingesetzt – eine ungeheure Kraft entfalten können, wie wir es in der Hypnose und der Psychotherapie immer wieder erleben. Dabei scheinen vor allem zwei Faktoren wichtig zu sein: zum einen Vertrauen in das persönliche Schicksal bzw. eine höhere Macht und genug Demut, sich dem unterzuordnen; zum anderen die Würdigung und nicht die Verdrängung negativer Gedanken und Gefühle und damit die Möglichkeit der Verwandlung, so wie wir es bei rituellen Handlungen erfahren haben.

Bewältigungsrituale

Trauer

*E*dda, *eine attraktive Frau in mittleren Jahren,*
hatte ihren 20 Jahre älteren Mann unter gro-
ßem seelischen und körperlichen Kräfteverschleiß
bis zu dessen Tod gepflegt. Ihre Ehe, in der sie sich
väterliche Führung und Fürsorge erhofft hatte,
verlief nach wenigen glücklichen Jahren zuneh-
mend enttäuschend, da sich ihr Mann im Laufe der
Jahre zum eigenbrötlerischen, launischen Tyran-
nen entwickelte. Noch während seiner Pflegebe-
dürftigkeit machte er ihr das Leben zur Hölle.
Nach seinem Tod gab es keine Trauerfeier und kei-
ne Beerdigung, da er eine anonyme Verbrennung
und Beisetzung verfügt hatte.
Edda kleidete sich nicht schwarz und gestaltete ihre
Wohnung, nachdem sie sie von sämtlichen Krank-
heitsattributen befreit hatte, völlig um. Ihre Freun-
de drückten ihr weniger ihr Mitgefühl als ihre Er-
leichterung aus, ja manche waren nicht weit davon
entfernt, sie zu ihrer neugewonnenen Freiheit zu
beglückwünschen. Merkwürdigerweise fühlte sich
Edda weder erleichtert noch befreit. Sie riß sich je-
doch zusammen, da man es von ihr nach den jahre-
langen Klagen über ihre Ehe nicht anders erwarte-

te. Im Laufe der Zeit begann sie, eine zunehmende Depressivität und außerdem merkwürdige Gewohnheiten zu entwickeln. Sie verbrachte Abend für Abend in seinem Lieblingssessel mit seiner ehemaligen Lieblingslektüre. Sie absolvierte täglich seinen früheren Lieblingsspaziergang und führte seinen alten Stockschirm mit sich.

Ihre Freunde, die sie zu einem lockeren Singleleben ermutigen wollten, konnte sie nicht mehr ertragen. Edda mußte sich schließlich in psychotherapeutische Behandlung begeben, um ihre unterdrückte Trauer aufbrechen zu lassen und zu verarbeiten.

Ein solch extremes Mißverhältnis zwischen Trauerereignis und Reaktion findet man sicher nur selten. In unserer Gesellschaft herrschen dennoch große Schwierigkeiten und Unsicherheiten im Umgang mit Trauer. Selbst wenn bestimmte Beerdigungsrituale stattfinden, ist nur selten Raum für den Ausdruck von Gefühlen. Der Trauernde ist unsicher, wie viele Gefühle er zeigen kann und darf, ohne die Fassung zu verlieren oder andere peinlich zu berühren. Freunde und Bekannte sind unsicher, wie sie mit dem Trauernden umgehen sollen, und haben oft eher das Ansinnen, ihn abzulenken oder zu beruhigen anstatt mitzutrauern. So versucht jeder mehr oder weniger einsam, mit mehr oder weniger großen Unterdrückungsmechanismen eine so profunde Erschütterung wie Trauer zu überstehen.

Trauernde bedürfen dringend der Unterstützung und eines geschützten Rahmens, in dem sie sich unter

Beistand ihrer Trauererfahrung überlassen können. Diese Aufgabe zu erfüllen war der Sinn von Trauerritualen, wie sie in unserem Lebensraum verkümmert, in südeuropäischen Ländern und anderen Kulturen aber noch sehr lebendig praktiziert werden.

Diese Rituale sorgen für einen schützenden Raum, für einen ungehinderten Ausdruck des Trauerschmerzes, für eine Verabschiedung des Toten und für eine Stärkung von Bindung und Gemeinschaft unter den Hinterbliebenen. Der griechische Autor Jorgos Canacakis schreibt:

> *»Von besonderer Bedeutung ist dabei, daß sie (die Trauerrituale) einen Weg eröffnen, der vom einzelnen auf seine Weise gegangen wird:*
> *Von jenen, die sehr tief und untröstlich trauern, aber auch von denen, die nicht zu trauern vermögen oder sich gleichgültig und unbeteiligt fühlen.*
> *...Durch die verschiedenen Stadien des Rituals wird verhindert, daß man etwas übersieht, überspringt, vergißt oder unerledigt läßt.*
> *...Sie regeln und ordnen die Begegnung mit sich selber, mit anderen, mit dem Numinosen (in diesem Fall dem Tod, dem Sterben und der daraus entstehenden Trauer).«*

(Zitat aus seinem Buch »Ich sehe Deine Tränen«, Seite 88 und 89)

Canacakis beschreibt zur Untermauerung sehr eindrucksvoll das griechische Ritual der Klagegesänge. Bei diesen Gesängen steht lediglich die Versstruktur fest, sonst unterscheiden sie sich in verschiedenen

Teilen Griechenlands. Innerhalb dieser Klagelieder, deren Text und Inhalt immer wieder neu erfunden werden, wird der Tote in seiner Beziehung zu dem Klagenden gewürdigt (und zwar auch mit den schwierigen und negativen Seiten!). Oft durch Frauen, die sogenannten »Klageweiber«, zum Ausdruck gebracht, halten diese Gesänge die Trauer im Fluß und dienen so einer gesunden Verarbeitung. Schuld- oder Grollgefühle, wie sie häufig bei Angehörigen zurückbleiben, verhindern echte Trauer, die erlebt und wieder abgeschlossen werden kann. Hinterbliebene empfinden ihr Weiterleben manchmal als eine Anmaßung dem Toten gegenüber, sie wagen weder richtig zu trauern, noch sich wieder ihrem Leben zuzuwenden, und empfinden eine bleibende Qual.

Ärzte, Psychologen und geistliche Seelsorger bestätigen schon lange den Zusammenhang zwischen unerledigter Trauer und depressiven Erkrankungen. Wen wundert es, daß Depressionen sich bei uns immer mehr ausbreiten, während sie im südeuropäischen Raum nahezu unbekannt sind.

Leider haben wir nicht die Möglichkeit, uns fremde Rituale einfach zu übernehmen oder Rituale, die für uns keine Gültigkeit mehr besitzen, wiederauferstehen zu lassen.

So kann man nur anregen, neue Rituale zu finden, die den Menschen in eine Gemeinschaft einbetten, ihm Platz für seine Gefühle lassen und so unsere Angst vor Verlust und Trauer dämpfen können. Gleichzeitig tut sicher eine Überprüfung unserer Einstellung gegenüber dem Sterben not. Die großen

Weltreligionen betrachten den Tod als etwas Großes, die Vollendung und das Ziel des Lebens, während in unserer Gesellschaft der Tod eine Katastrophe, den Abbruch des Lebens bedeutet, so als wäre er etwas Unnatürliches, das es zu vermeiden gilt. Je mehr wir die Konfrontation scheuen, um so größer wird die Angst und um so unmöglicher ein natürlicher Umgang mit unseren Gefühlen. Die Menschen, die sich am meisten vor dem Tod fürchten und ihre Gefühle nicht ausdrücken können, sind meist auch die, die zunehmende Angst vor dem Leben entwickeln: Häufig beobachten sie ängstlich ihre Gesundheit, neigen zur Hypochondrie und schränken ihr Leben stark ein.

Noch schwieriger wird es mit der Trauer, wenn sie nicht durch ein gesellschaftlich akzeptiertes Ereignis ausgelöst wird. Damit meine ich Verluste, die nicht durch Krankheit oder Tod verursacht wurden, wie zum Beispiel die Trennung von einem geliebten Menschen – sei es durch Scheidung, durch das Erwachsenwerden der Kinder, durch das Zerbrechen einer Freundschaft –, der Verlust der Arbeit, der Gesundheit oder einer Fähigkeit.

Es ist aber auch bei den ganz persönlichen kleinen Katastrophen des Lebens für die eigene psychische Gesundheit wichtig, Möglichkeiten zu finden, mit diesen Gefühlen umzugehen.

Herta, eine zurückhaltende Frau Anfang Fünfzig, lebte in einer Ehe, an der sie aus Pflichterfüllung und Dankbarkeit festhielt. Ihr Mann habe sie in einer für sie sehr schwierigen Lebenssituation zu

*einem Zeitpunkt geheiratet, als niemand anders
mehr etwas von ihr habe wissen wollen. Er sei immer gut zu ihr gewesen. Er sei schon viele Jahre seit
einem Unfall Frührentner und auf sie angewiesen,
so daß sie ihn nicht sich selbst überlassen konnte.
Das einzige Vergnügen, das sie sich in all den Jahren gegönnt hatte, war ein vierwöchiger Aufenthalt in immer demselben Kurort gewesen. Dort
hatte sie vor 15 Jahren einen anderen Mann ken-
nen- und liebengelernt, mit dem sie seitdem eine
heimliche »Ferienliebe« pflegte. Dies hatte ihr
Kraft gegeben, ihren Alltag zu überstehen und ihre
immer wiederkehrenden Depressionen zu meistern. Bei ihrem letzten Aufenthalt hatte ihr Geliebter die Beziehung beendet, da sie sich trotz seines Drängens nicht von ihrem Mann trennen
wollte. Danach ging es ihr sehr schlecht. Da niemand von ihrem Verhältnis gewußt hatte, konnte
sie niemandem ihre Gefühle zeigen oder darüber
reden. Da sie ohnehin immer ein sehr schlechtes
Gewissen gehabt hatte, erlaubte sie sich auch vor
sich selbst keine Trauer, sondern zwang sich zur
Ordnung. Der Strudel von Schuld, Scham, unter-
drückter Trauer und Zukunftsangst zog sie immer
weiter hinab in ihre Depression. Erst mit professio-
neller Hilfe konnte sie ihre Gefühle zulassen.
Um ihnen Ausdruck zu geben, gönnte sie sich einen
einsamen letzten Urlaub in ihrem Kurort. Bewußt
nahm sie Abschied von allen Lieblingsplätzen und
gemeinsamen Aktivitäten. Schließlich sammelte sie
einige Muscheln und eine Schale voll Sand. Mit*

Hilfe dieser Attribute zelebrierte sie zu Hause ein kleines Ritual, mit dem sie ihre Trauer überwinden und diese schließlich sogar in Kraft verwandeln konnte.

Persönliche Rituale können gerade auch da helfen, wo gemeinschaftliche Rituale nicht zum Tragen kommen, weil der Traueranlaß gesellschaftlich nicht wahrgenommen oder nicht geachtet wird.

Chaos

Betrachten wir die Situationen, in denen das Bedürfnis nach Ritualen entsteht, so haben sie alle eines gemeinsam: Sie zwingen den Menschen zur Begegnung mit dem Chaos. Der Begriff »Chaos« hat in unserem Verständnis eine durchweg so negative Bedeutung, daß viele Menschen eine Menge Zeit und Energie verbrauchen, um jegliches Chaos zu vermeiden. Unter Chaos mag jeder etwas anderes verstehen: äußere Unordnung, einen streitigen Konflikt, ungeregelte Beziehungen oder einen inneren Aufruhr von Gefühlen. Immer wird damit ein negativer, eher destruktiver Aspekt unseres Lebens bezeichnet, den es zu bekämpfen gilt. Solange wir versuchen, Chaoserfahrungen, die als Gegenpol zur Ordnung zum Leben gehören, zu verdrängen, wirken sie im Unterbewußtsein bedrohlich und zwingen uns, ebenso unbewußt, Strategien aufrechtzuerhalten, um sie »in Schach zu halten«. Dazu zählt die Suche nach Sicherheit und Ordnung, nach einem geregelten, überschaubaren System. Der Mensch hat dank seiner Fähigkeit zu denken ein natürliches Bedürfnis nach einer gewissen Ordnung, ja er braucht, um seine Erfahrungen bewerten zu können, ein geregeltes Bezugssystem, in das er sie einordnen kann. Nur so sind wir in der Lage, uns zu orientieren, zu differenzieren und eine Gegebenheit zu verarbeiten. Dies ist gut so und soll auch gar nicht in Frage gestellt werden. Fraglich ist allerdings eine übermäßige Fixierung auf Ordnung, auf »eingefleischte« Gewohnheiten. Der immer gleiche Tages-, Wochenablauf, die pünktlichen Essenszeiten, die Fahrt an immer den gleichen Urlaubsort, all das zeugt von der Angst vor dem Unbekannten, dem vermeintlichen Chaos. Je dringender ein Mensch auf die Einhaltung seiner Gewohnheiten besteht, um so näher ist er innerlich dem Chaos. Die Auseinandersetzung mit dem Chaos ist uns mit dem Fortschritt genauso abhanden gekommen wie die Auseinandersetzung mit dem wissenschaftlich nicht Greifbaren, Unerklärlichen. Die vielen Erklärungen, die wir gefunden haben, schenkten uns die Möglichkeit, an Wissen und Macht zu glauben, was uns eine scheinbare Sicherheit vermittelt, und das Ungeordnete zu verleugnen. Um so erschrockener und hilfloser sind wir, wenn es durch die »Hintertür« dennoch über uns hereinbricht in Form einer Krankheit, eines Schicksalsschlages, einer Katastrophe, ja manchmal genügt schon ein ungewöhnlich heftiges Unwetter, um uns zu beunruhigen.

Der Begriff »Chaos« hatte nicht zu allen Zeiten eine derart negative Bedeutung. Für andere Kulturen bedeutete Chaos zunächst einfach etwas Formloses, eine Materie, die Gestalt annehmen, also einen kreativen Prozeß auslösen konnte. Jede Schöpfung ist aus dem Chaos hervorgegangen, jede Form aus dem Ungeformten. Gleichzeitig war bewußt, daß jede Form wieder zerfallen konnte, wenn etwas Neues entstehen sollte. Falls Sie jemals Ihre Wohnung renoviert haben oder umgezogen sind, werden Sie nicht umhingekonnt haben, Ihre ursprüngliche Ordnung zu zerstören, eine Weile Chaos auszuhalten und schließlich eine neue Ordnung zu finden.

Diesem einfachen äußeren Beispiel entsprechen unsere inneren Prozesse, sobald etwas unsere innere Ordnung beeinträchtigt oder zerstört. Leider haben wir vergessen, oder besser nie vermittelt bekommen, wie man mit der Phase der Verwirrung umgehen kann.

In anderen Zeiten und Kulturen wurde dieses Wissen in Form von Riten, Traditionen und Mythen von Generation zu Generation weitergegeben. Märchen und Sagen, die aus einem archetypischen gemeinsamen Wissen entstanden, ähneln sich in Form und Inhalt auf der ganzen Welt. Sie erzählen oft in verschlüsselter, symbolischer Form vom Umgang mit dem Chaos. Häufig wird dabei die Zeit der Verwirrung und Orientierungslosigkeit nicht nur nicht vermieden, sondern als Herausforderung akzeptiert, um daran zu reifen und zu wachsen. Immer aber birgt das Chaos den Keim der Erneuerung, der Weiterentwicklung.

In überlieferten Ritualen wurde das Chaos häufig dem Schattenbereich, der Finsternis oder auch dunklen Wassern zugeordnet, die es zu durchdringen oder zu erhellen galt. So wird in den entsprechenden Zeremonien das Licht, entzündet durch das Wort eines Gottes, verehrt.

> *Der zentrale Gedanke, wonach das Licht des Bewußtseins die Dunkelheit des Unbekannten (des Unbewußten) zu zerstreuen hilft, ist für die Natur des homo sapiens grundlegend. Aber das Chaos ist in seinem Ausmaß und seiner Dunkelheit oft überwältigend, so daß wir dazu neigen, die ›göttlichen‹ Kräfte des Bewußtseins zu vergessen.*

(Zitat aus Joanne Wieland-Burston: »Chaotische Gefühle«, Seite 55)

Rituale können dem Menschen helfen, sich dieser Kräfte wieder zu erinnern und sie zu stärken.

Wenden wir die uns nun schon vertrautere Funktion der Rituale auf die Begegnung mit dem Chaos an: In der rituellen Handlung darf all das, was das Chaos umfaßt, das noch Formlose, Unkonkrete, das Unbewußte, Ungreifbare, Beängstigende zunächst einfach »dasein«. Sodann erfolgt die Auseinandersetzung damit, entweder in Form eines zähen Ringens oder in einem passiven Sich-berühren-Lassen. Dabei wird die Hilfe uralter Erfahrung (das in Ritualen wirksame »kollektive Unbewußte«) oder einer höheren Macht beschworen und in Anspruch genommen. Dadurch kann das Chaos seine negative Prägung ver-

lieren, abgelehnte »verbotene« Gefühle, negative Anteile des Selbstbildes, die oft in den Schattenbereich
verdrängt sind, können akzeptiert und nutzbar gemacht werden. Der fruchtbare Keim kann sich entfalten, das Chaos integriert werden. So kann der Mensch
den schöpferischen Wandel geschehen lassen und der
Zukunft zuversichtlich entgegensehen.

Menschen, die sich eisern vom Chaos abgewendet
halten, werden so starr wie die Ordnung und die Gewohnheiten, an die sie sich klammern. Um sie entsteht eine leblose Grabesstille, die sensible Menschen
sofort fühlen können, wenn sie das Haus eines solchen Menschen betreten. In der Regel gibt es dort
nichts, was eine sinnliche Wahrnehmung auslösen
könnte, keine Geräusche und keine Gerüche, nichts
flauschig Weiches, schon gar keine Tiere, keine herumliegenden Kissen, Bücher oder Zeitschriften, keine
ausgetrunkene Kaffeetasse, alles hat seine geregelte
Ordnung, die, sollte sie unvermeidbar beeinträchtigt
worden sein, zum Beispiel durch eine Mahlzeit, sofort wiederhergestellt wird.

Stark blockierte und verdrängte Gefühle entwikkeln im Innern die Energien eines noch tätigen Vulkans, und der betroffene Mensch hat unbewußt so
große Angst vor einem unkontrollierbaren Ausbruch,
daß er es vermeidet, sich in seiner Emotionalität ansprechen zu lassen, was durch jede sinnliche Wahrnehmung geschehen könnte.

Angst

Bisher haben wir Angst als unbewußten motivieren-
den Faktor kennengelernt, der den Menschen zu unterschiedlichen Bewältigungsstrategien anleitet.

Es gibt jedoch auch eine zunehmende Zahl von
Menschen, die *bewußt* mit Ängsten aller Art zu
kämpfen haben. Dabei ist das Unbehagen um so
größer, je irrationaler dem Menschen seine Angst erscheint. Angst, abends alleine U-Bahn zu fahren,
kann als real, manchmal sogar als sinnvoll akzeptiert
werden; wenn jemand jedoch aus Angst kein öffentli-
ches Verkehrsmittel mehr benutzen kann, wird es
schon schwieriger.

Zunächst einmal ist Angst ein Zustand, der, wie
schon in der Bibel beschrieben, unabdingbar mit dem
menschlichen Leben verknüpft ist. Ursprünglich ist
sie ein Warnsystem, das uns auf drohende Gefahr
aufmerksam macht und einen Fluchtreflex mit be-
schleunigter Atmung, schnellerem Herzschlag und
größerer Muskelspannung auslöst. Dieser Reaktion
begegnen wir immer häufiger, ohne daß sich unserem
rationalen Verstand eine Gefahr offenbart. Es scheint
so zu sein, daß auch innere Prozesse, unbewußte, vermeintlich drohende Gefahren eine reale Angst auslösen können, die sich dann ohne greifbaren äußeren
Anlaß im Menschen ausbreitet. Da der innere Angst-
auslöser nicht erkannt wird, heftet sich die Angst an
ein äußeres Ereignis, das dann stellvertretend vermieden werden kann. Fritz Riemann hat in seinem klas-

sischen Werk über Ängste vier Grundformen der Angst zusammengestellt:

1. *Die Angst vor der Selbsthingabe, als Ich-Verlust und Abhängigkeit erlebt.*
2. *Die Angst vor der Selbstwerdung, als Ungeborgenheit und Isolierung erlebt.*
3. *Die Angst vor der Wandlung, als Vergänglichkeit und Unsicherheit erlebt.*
4. *Die Angst vor der Notwendigkeit, als Endgültigkeit und Unfreiheit erlebt.*

Betrachten wir diese Einteilung, bezogen auf unser Thema, wird sehr schnell deutlich, daß in jeder Übergangsphase von einer alten zu einer neuen Ordnung wenigstens eine dieser Ängste den Menschen trifft. Diese Grundängste sind in der Regel nicht bewußt, die erlebte Angst wird anders benannt. Die meisten Menschen sind sich nicht darüber im klaren, daß jede neue, unbekannte innere oder äußere Situation, und sei sie auch noch so erwünscht, neben anderen Gefühlen auch Angst auslöst, besonders auch jeder Entwicklungs- und Reifungsschritt. Die vermeintliche Forderung, mit jeder unvertrauten Situation souverän und gelassen umzugehen, bringt für viele eine Ablehnung oder Verschiebung ihrer Ängste.

Dabei geht ein wesentliches Element psychischer Gesundheit verloren, das wir in den vergangenen Kapiteln aus verschiedenen Perspektiven bereits kennengelernt haben: die Akzeptanz und Würdigung negativer Aspekte menschlichen Daseins.

Für die Angst bedeutet dies, sie anzunehmen, auf sich zu nehmen, zuzulassen, daß die eigentlichen Inhalte zu Bewußtsein kommen und bearbeitet werden können. Jede Angstreaktion beinhaltet ein Potential an Energie, die uns zu dem Schub nach vorne, durch Angst hindurch, verhelfen kann. So kann sich die Angst in Kraft verwandeln, die uns hilft, unsere Persönlichkeit zu entfalten.

Lisa, eine junge Frau Anfang Zwanzig, litt plötzlich unter Angstanfällen. Sie lebte noch bei ihren Eltern, zu denen sie ein sehr gutes Verhältnis hatte. Besonders die Mutter pflegte eine innige Beziehung zur einzigen Tochter. Lisa hatte vor einigen Monaten zu studieren begonnen, fühlte sich angezogen von dem lockeren Studentenleben einiger Kommilitonen. Gleichzeitig fühlte sie sich sehr an die Prinzipien der Mutter gebunden, die immer alles für sie getan hatte und die sie auf keinen Fall enttäuschen wollte.

So kam sie spätestens um Mitternacht nach Hause, verzichtete auf Übernachtungsbesuch im neu eingerichteten Appartement im elterlichen Haus und akzeptierte, daß die Mutter sie wie zu Schulzeiten abfragte und ihre häuslichen Studierzeiten bestimmte. Kurz nachdem sie einen jungen Mann kennengelernt hatte, der sich für sie interessierte, hatte sie ihre erste Panikattacke in der U-Bahn. Fortan wagte sie sich nicht mehr in öffentliche Räume mit Menschenansammlungen wie Kaufhäuser, Fußgängerzonen, öffentliche Verkehrsmittel. Die

Mutter nutzte die Gelegenheit, ihr Kind zu beschützen, und brachte Lisa regelmäßig zur Universität und wieder nach Hause. Der Radius von Lisa schränkte sich immer mehr ein, bis sie, bedrängt von einer Freundin, Hilfe suchte.

In der Therapie schwärmte Lisa von ihrer Kindheit und ihren liebevollen Eltern, die ihr immer jede Schwierigkeit aus dem Weg geräumt hatten. Es wäre alles problemlos und in bester Ordnung, wenn nur diese dumme Angst nicht wäre. Glücklicherweise hatte sie Respekt vor den Beruhigungsmitteln, die ihr ein Arzt verschrieben hatte.

Wir vereinbarten ein kleines Spiel: Lisa sollte ihrer Angst eine Gestalt geben und sich plastisch vorstellen, sie wäre mit im Raum. Lisas Angst formte sich zu einem mittelgroßen Drachen, der sie feuerspeiend verschlingen wollte. Wir gaben ihm einen Platz, und ich forderte Lisa auf, einen Dialog mit ihm zu beginnen, wobei sie ihm seine Worte in den Mund legen sollte. Nach vielen Sitzungen und furchterregenden »Gesprächen« begann sich der Drache allmählich zu verwandeln, und es stellte sich heraus, daß »er ihr zu einem eigenen, von den Eltern unabhängigen Leben verhelfen wollte«.

Nach einem notwendigen altersgemäßen Entwicklungsschritt und dem damit einhergehenden Nachlassen ihrer Angst nutzte Lisa in Form eines kleinen, gelegentlichen Rituals ihren inneren, gezähmten Drachen als nützlichen Ratgeber immer dann, wenn sie in alte Verhaltensweisen zurückzufallen drohte.

Ein Ritual kann dazu dienen, den Mut zu entwickeln, der eigenen Angst ins Auge zu blicken, sie wahrzunehmen und die Möglichkeit zu entwickeln, daß sie sich in Kraft verwandelt.

Wut

Auch die Aggression ist ein normaler menschlicher Impuls, der ursprünglich dazu dient, den eigenen Lebensraum und die Lebensnotwendigkeiten sicherzustellen und zu verteidigen. Wenn diese Lebenssphäre bedroht oder verletzt wird, gerät die Aggression natürlicherweise zur Wut. Diese Wut ist gesund, sie macht handlungsfähig und führt damit zur Auseinandersetzung und im besten Fall zur Lösung des Konflikts – was sie dann sofort verrauchen läßt.

Allerdings ist das Empfinden von Aggression und Wut, und erst recht der Umgang damit, nur selten so klar und eindeutig.

Eine der Ursachen hierfür liegt bereits im Kindesalter. Wut ist neben Angst und Trauer ein Gefühl, das Erwachsene bei Kindern nur schlecht ertragen können. Folglich untersagen sie es oder versuchen, es den Kindern auszureden oder zu verniedlichen. Sie vermitteln also den Kindern, daß es nicht normal und unzulänglich ist, derartige Gefühle zu haben oder zumindest zu äußern. Da Kinder keine andere Möglichkeit haben, ihr Selbstbild und ihr Weltbild zu formen, als am Modell ihrer Bezugspersonen, beginnen sie häufig, ihre Gefühle zu verleugnen und umzufunktionieren, und werden stark verunsichert in bezug auf ihre Empfindungen und ihr Verhalten.

So reagieren Kinder häufig in Situationen, in denen Wut angemessen wäre, mit Schuldgefühlen und Selbstvorwürfen (»Wenn ich besser, braver etc. gewesen wäre ..., wäre das nicht passiert ..., würde man nicht so mit mir umgehen!«). Andererseits steckt dann, wenn Kinder zornig und wütend reagieren, häufig keine wirkliche Aggression dahinter, sondern Trauer und Schmerz.

Diese emotionalen Verschiebungen werden im Erwachsenenalter beibehalten. Ein sehr typisches Beispiel dafür finden wir im Leben der Frauen, die sich über Jahre schlecht behandeln lassen und hoffen, wenn sie sich entsprechend ändern würden, gäbe es keinen Grund mehr, sie schlecht zu behandeln. Die Frauenhäuser sind voll dieser Irrtümer.

In der Regel laufen diese Verschiebungen allerdings sehr viel subtiler ab. Äußere Anlässe für Wut, wie tatsächliche Angriffe, Beleidigungen oder Ungerechtigkeiten, sind relativ leicht zu identifizieren. Mit inneren Auslösern wird es schon schwieriger. Auch die Bedrohung unserer ureigensten Intimsphäre, Übergriffe in unseren persönlichen Lebensraum machen aggressiv. Es gibt immer wieder Menschen, die nicht das geringste Gefühl dafür haben, wie und wann sie einem anderen Menschen zu nahe treten. Geschieht dies auch noch wohlwollend in bester Absicht, hat das »Opfer« größte Schwierigkeiten damit, seine Aggressionen zu spüren, geschweige denn zu äußern, da es sich damit vermeintlich ins Unrecht setzen würde. Dies ist der Stoff, aus dem viele Familientragödien gewebt sind: Die Eltern, die immer wissen, was für ihre Kinder das Beste ist, und womöglich für sie handeln; die Mütter oder Schwiegermütter, die ungebeten hilfsbereit den Haushalt ihrer Töchter perfektionieren wollen; die Väter, die ein genaues Bild der Laufbahn ihrer Kinder haben; die Partner, die kontrollierend und korrigierend in die Meinung ihres Gegenübers eingreifen, ob Ehe- oder Geschäftspartner. All diese Menschen fühlen sich zutiefst gekränkt, wenn sie in ihre Schranken verwiesen werden, und diejenigen, die dies tun, ringen mit ihren Schuldgefühlen. Es wird immer wieder übersehen, daß auch diese Art von Einmischung dem anderen etwas wegnimmt und ihn schwächt. Die so entstandene Wut wird häufig nicht dem Auslöser entgegengebracht, sondern zurückgehalten oder auf eine andere Person oder die Gesellschaft projiziert, was unerkannt eine schädliche Wirkung hat und nicht selten die Ursache für Gewaltanwendung ist. Auch im Erwachsenenleben steht Wut sehr häufig stellvertretend für Trauer und Schmerz. Besonders häufig findet man dies bei Trennungen oder Zurückweisungen. Diese Wut kann sich sehr zerstörerisch und rachsüchtig auswirken, und letztlich schadet sie allen Beteiligten.

Manchmal entsteht Wut auf sich selbst oder einen anderen als Folge von unterlassenem Handeln. Wenn man korrekterweise etwas für sich oder einen anderen hätte tun können oder müssen, wenn man sich hätte durchsetzen oder etwas fordern oder erbitten müssen, und es war einem nicht möglich oder man hat sich nicht getraut, sammelt sich oft anhaltender Groll an, der lähmt und schwächt.

In Familiensystemen oder Gruppen begegnet man häufig der übernommenen Wut, das heißt, jemand, der wütend werden müßte, läßt dies nicht zu und empfindet sich statt dessen als Opfer einer ausweglosen Situation; in der Folge wird ein Mitfühlender eine zunehmende Wut in sich spüren und das dringende Bedürfnis, etwas zu unternehmen. Meistens führt diese Art zu leiden sowie diese Art von Wut und eventuell daraus resultierende Aktivität zu keinem fruchtbaren Ergebnis.

Wie wir an diesen Beispielen sehen, gibt es also eine sinnvolle, motivierende Wut, die eine konstruktive Bewegung auslösen kann, und eine verschobene oder übernommene Wut, die sich meist destruktiv auswirkt.

Wie kommt man nun zu einer gesunden Wut, und wohin damit, wenn sie einmal da ist?
Auch hier wieder gilt es, das Wagnis einzugehen und genau hinzusehen. Menschen, die ihre Wut unterdrücken und auf jeden Fall Harmonie bewahren wollen, stellen sich oft nicht ihrer Realität oder glauben, sie nicht ertragen zu können. Sie neigen dazu, sich selbst und anderen etwas vorzumachen, und ziehen die Verleugnung oder die Opferrolle mit Hilflosigkeit und Handlungsunfähigkeit

vor. Wer den Mut entwickelt, eine eigene unwürdige oder unerträgliche Situation klar und nüchtern zu betrachten, kann die entstehenden aggressiven Gefühle für produktive Veränderungen nützen, was zu einer Stärkung des Selbstvertrauens führt.

Zu seiner Wut zu stehen bedeutet andererseits, ihr nicht immer und überall freien Lauf zu lassen. Unkontrollierte Wutausbrüche sind menschlich und manchmal unvermeidbar, aber sie erreichen selten ihr Ziel. Wenn Sie heftige Wut empfinden, versuchen Sie erst einmal aus der angespannten Situation auszusteigen. Ziehen Sie sich zurück, laufen Sie um den Block, oder machen Sie zehn Kniebeugen. Sobald Sie etwas ruhiger geworden sind, analysieren Sie die Situation: Was ist passiert, was hat Sie getroffen, und was möchten Sie erreichen? Ist es wirklich »Ihre« Wut und »Ihr« Ziel, oder glauben Sie, stellvertretend etwas regeln zu müssen? Was müßte sich verändern, um zu einer befriedigenderen Situation zu finden, und welche Schritte sind dafür nötig oder möglich?

Konstruktiv mit aggressiven Gefühlen umzugehen bedeutet, Unbehagen, Verzweiflung und beginnende Wut frühzeitig, bevor sich ein unüberschaubarer Berg angestaut hat, wahrzunehmen, die Ursachen zu erkennen und sich dem Konflikt zu stellen. Solange möglich überschütten Sie Ihr Gegenüber nicht mit Beschimpfungen und Vorwürfen, sondern teilen Sie ruhig und klar Ihre Sicht der Dinge, Ihre Gefühle und auch die anvisierten Konsequenzen mit. Und: Interessieren Sie sich für die

Motive, Gedanken und Gefühle des anderen! So haben Sie die beste Basis für fruchtbare Diskussionen, für Kompromisse oder Allianzen. Vergessen Sie nicht, es existiert nicht nur eine Perspektive und nur eine Wahrheit. Echte Friedfertigkeit beginnt im eigenen Inneren und entsteht nie durch die Vermeidung von Konflikten, sondern ausschließlich durch den bewußten Umgang damit.

Pervertierung von Ritualen

In der Psychiatrie und Psychotherapie begegnen einem immer wieder Phänomene, bei denen Handlungen rituellen Charakters einen krankhaften Wert erreicht haben.

Zwang

Besonders auffallend ist dies bei Patienten, die an einer Zwangsstörung leiden.

Maria, eine Frau Mitte Fünfzig, leidet seit ungefähr 30 Jahren unter einem zunehmenden Waschzwang. Zu der Zeit, bevor sie erneut Hilfe sucht, verbringt sie täglich viele Stunden unter der Dusche und am Waschbecken, so daß sie weder ausreichend Zeit zum Essen noch zum Schlafen findet. Ihre Beziehungen zu ihrem Freund und zu ihren erwachsenen Kindern sind am Nullpunkt angelangt, sie findet weder Verständnis noch Unterstützung. Auch sie selbst verurteilt sich heftig und empfindet ihr Verhalten als völlig verrückt, ohne sich dagegen wehren zu können. »Ich weiß, es ist unsinnig, aber ich muß es einfach tun!« Auf die Frage, was passieren würde, wenn sie ihre Handlungen unterließe, tauchen bei ihr vage, fast magische Katastrophenphantasien auf: »Dann könnte etwas Schreckliches geschehen.« Ihre Rituale werden sorgfältig vorbereitet, sie muß eine bestimmte Haltung einnehmen, auf eine bestimmte Art Wasser und Seife benutzen. Sobald sie beginnt, verfällt sie in eine Art Trance, die sie für längere Zeit nicht mehr unterbrechen kann. Am Ende fühlt sie sich erschöpft und schuldig. Sie verzweifelt immer mehr und wird zunehmend depressiver, was den Teufelskreis verstärkt. Die Behandlung in verschiedenen Kliniken führte zwar während der Aufenthalte zu Besserungen, sobald sie jedoch wieder zu Hause war, nahm ihre Störung wieder zu. Obwohl sich bei Zwangshandlungen nur sehr selten ein direkter Zusammenhang mit dem Versuch, psychische Ausgeglichenheit herzustellen, finden läßt, stellt sich während der Therapie heraus, daß sich Marias Symptome immer dann verstärken, wenn sie unangenehme oder konfliktträchtige Situationen erlebt, in denen sie negative Gefühle aushalten müßte. Statt dessen läuft sie ins Badezimmer, um »auch noch diesen zusätzlichen Schmutz loszuwerden«. Da dies symbolisch betrachtet einen klassischen Grund für die Ausführung eines Rituals darstellt, vereinbaren wir, nachdem sie mit Erstaunen von den Waschritualen anderer Kulturen gehört hat, ihre unkontrollierten »Rituale« durch bewußte Reinigungsrituale zu ersetzen. Dies verschafft ihr zwar leider nur eine Linderung und keine endgültige Heilung, aber es fällt ihr dadurch leichter, sich mit *ihrer Störung zu akzeptieren, was zumindest die depressive Komponente abbaut.*

Es gibt bis heute keine ausreichend haltbare Erklärung für die Entstehung von Zwangserkrankungen. Fest steht, daß sie keine geistige Erkrankung darstellen, da sich die Betroffenen der Absurdität ihres Verhaltens bewußt sind und darunter leiden. Man kann aber feststellen, daß Zwangshandlungen familiär gehäuft auftreten, wobei allerdings die Milieutheorie, wie Lernen am Modell, zu strenge Erziehung oder mangelnde Fürsorge, zwar mit berücksichtigt werden muß, aber als alleinige Erklärung nicht genügt. Zusätzlich wird in den letzten Jahren eine biologische Komponente vermutet, was vor allem dadurch erhärtet wird, daß einige Patienten durch bestimmte Medikamente eine deutliche Besserung erfahren.

Die meisten Zwangshandlungen drehen sich darum, wie besessen zu reinigen, zu zählen oder zu kontrollieren. Diese Verhaltensweisen finden sich, oft ebenfalls ritualisiert, auch bei Menschen mit einer sogenannten zwanghaften Persönlichkeit. Objektiv betrachtet ist es diagnostisch nicht immer ganz einfach zu beurteilen, wann zwanghaftes Verhalten noch als skurrile Gewohnheit oder aber als Erkrankung einzustufen ist. Hauptkriterium dabei ist, daß sich der Zwangspatient als krank empfindet, während die zwanghafte Persönlichkeit in der Regel ihre Umwelt als zu schlampig, zu nachlässig oder zu ungenau einschätzt und niemals am eigenen Tun zweifelt, was häufig schließlich in die soziale Isolation führt.

Interessant für unser Thema ist, daß Zwangspatienten, zwanghafte Persönlichkeiten, aber auch sonst sehr viele Menschen in bezug auf ihre Reinigungs- und Kontrollgewohnheiten äußerst rigide reagieren und gegen fast alle Veränderungsversuche und Argumente resistent sind. Untersuchungen zufolge basieren 80% der zwischenmenschlichen Konflikte in Familien, Wohngemeinschaften und Betrieben auf dem unterschiedlichen Umgang mit Ordnung, Reinlichkeit und Sorgfalt. Diese individuellen Gewohnheiten scheinen einen enormen Stellenwert im menschlichen Wohlbefinden zu besitzen. Offensichtlich erfüllen sie noch eine ganz andere Funktion als die Regelung von Äußerlichkeiten.

Schon Freud fiel 1907 die Ähnlichkeit von Zwangsstörungen mit religiösen Ritualen auf, und er betrachtete beide im jeweiligen symbolischen Gehalt als einen Versuch, sich vor kollektiver oder persönlicher Angst zu schützen. Auch wenn diese Erklärung der echten Zwangserkrankung alleine nicht gerecht wird, so scheint die Seele, sobald sie Ordnung sucht, eine Neigung zu rituellen Handlungen zu entwickeln. Bemerkenswert dabei ist der Grad des Unbewußtseins, in dem dies geschieht, so daß dieses Bedürfnis auch völlig unzulänglichen Gewohnheiten große Macht zu verleihen scheint.

Die so entstandenen Zeremonien sind des ursprünglichen Sinnes und Zwecks von Ritualen beraubt und können nicht zu einer Wandlung und Weiterentwicklung führen; in ihrem Schattendasein kosten sie den Menschen viel Energie.

141

Psychose

Auch bei Menschen, die im Begriff sind, eine geistige Erkrankung zu entwickeln, finden wir ähnliche Mechanismen. Viele der Patienten suchen proportional zu dem drohenden Krankheitsschub – und damit dem Absturz in das Chaos – Zuflucht in einer minuziös geplanten Ordnung wie engmaschige Zeitpläne, akkurat sortierte Schränke, exakte Beobachtung der Körperfunktionen und Körperpflege, starre Kommunikationsregeln, die eher dem zunehmenden sozialen Rückzug dienen. Dabei wird sorgfältig alles vermieden, was die Begegnung mit Unvorhersehbarem oder Ängstigendem fördern könnte: Muße, Zeit für Tagträume oder ein »Sich-treiben-Lassen«, ausgedehnte Kontakte. Die wichtigste Aufgabe scheint darin zu bestehen, alles unter Kontrolle zu behalten. Indem der gefährdete Mensch verzweifelt versucht, sich einen Raum ohne Angst, Verzweiflung und Ohnmacht zu schaffen, entfernt er sich immer weiter von der normalen Welt. Auch nach Ausbruch der Krankheit finden wir bei vielen Patienten anhaltende Stereotypien, wie das ständige Wiederholen bestimmter Körperbewegungen oder auch Handlungen. Manche müssen zwanghaft an bekannten Situationen oder einer vertrauten Umgebung festhalten, kleinste Veränderungen können Panik auslösen. Für unser Thema soll es genügen, nur diesen selektiven Ausschnitt möglicher Verhaltensweisen bei Psychosen zu betrachten, ohne näher auf ihre Ursachen, Erscheinungsformen oder Behandlungsmöglichkeiten einzugehen.

Interessant ist auch hier wieder der Einsatz von Ritualen, sobald sich der Mensch verunsichert fühlt, sich mit Neuem auseinandersetzen muß, Angst bekommt. Ähnlich wie bei den Zwängen und manchen skurrilen Gewohnheiten sind auch diese ritualisierten Handlungsweisen ihrem ursprünglichen Zweck entfremdet: Sie werden dazu benutzt, das Chaos, das Dunkle, die inneren Abgründe abzuwehren, nicht hinsehen zu müssen, da der Psychose-Kranke dies nicht leisten und verkraften könnte. Dadurch werden die Rituale pervertiert und dienen, wie abgemildert sie auch bei vielen Gesunden sein mögen, lediglich der Vergewisserung, daß alles gleich und wiederholbar, also »in Ordnung« bleibt. Ernst genommen und bewußt durchgeführt würden sie den gesunden Menschen dabei unterstützen, sich dem Chaos zu stellen und sich mit dem Dunklen auseinanderzusetzen.

Auch wenn Psychosen ihre speziellen Ursachen und Geschichten haben, findet man in unserer heutigen Gesellschaft ganz allgemein viele »kranke« Verhaltensweisen, die einem Psychiatrie-Lehrbuch entstammen könnten. Hervorstechend dabei ist der Umgang mit der Zeit sowie die ausschließliche Fixierung auf Äußerlichkeiten.

Bei den meisten Menschen muß heutzutage alles »schnell« gehen, gut durchdacht und organisiert sein, um eine größtmögliche Effizienz zu erreichen. Wir besitzen Schnellbahnen und Schnellimbisse, Schnellkochplatten und Expreßreinigungen. Die Rechner unserer Computer veralten alle paar Monate aufgrund ihrer mangelnden Schnelligkeit, wir sind im

Laufschritt unterwegs, gönnen uns höchstens schnell mal eine Tasse Kaffee. »Gehe nie mit leeren Händen«, Untätigkeit ist Faulheit, Bedächtigkeit ist Trägheit. Die schädliche Hektik ist zum allgemeinen Maßstab geworden. Niemand hat mehr für irgend etwas Zeit, selbst Reisen sind diesem Rhythmus unterworfen und müssen möglichst effizient genützt werden. Der »Timer« ist das wichtigste Utensil geworden, es werden detaillierte Zeit-, Einkaufs-, Reisepläne ausgearbeitet. Da die so »gewonnene« Zeit nicht etwa für Ruhe, Muße oder Meditation genutzt wird, sondern lediglich dem Erstellen neuer Pläne oder neuen Aktivitäten dient, führt sich dieses System selbst ad absurdum. Mag sein, daß dieser »Geschwindigkeitsrausch« etwas Faszinierendes hat, uns ein Gefühl von Macht, Überblick und Kontrolle vorgaukelt; mag aber auch sein, daß er nur dieselbe Funktion hat wie bei unseren psychisch oder geistig erkrankten Mitmenschen: nämlich abzulenken von dem Eigentlichen, der Innen-Schau, dem Ort, wo wir vermeintlich Angst, Unsicherheit oder Schwäche begegnen könnten, wo wir uns der Auseinandersetzung stellen müßten, der wir uns nicht gewachsen fühlen.

Lebensqualität und Rück-sicht-nahme (!) auf Mitmenschen oder Umwelt sind mit Hetze nicht zu vereinbaren. Nicht umsonst haben wir in den seltenen Momenten, in denen wir aufatmen, das Gefühl, die Uhren würden langsamer gehen.

Vergegenwärtigen Sie sich, daß Sie, auch wenn Sie das Gefühl haben, Sie hätten keine andere Wahl,

zumindest über einen Teil Ihrer Zeit Verfügungs-
gewalt besitzen und dafür verantwortlich sind, wie
Sie diese Zeit nutzen. Sie haben dafür Zeit, wofür
Sie sich Zeit nehmen. Überprüfen Sie Ihre Priorität-
ten, riskieren Sie, daß etwas unfertig, unerledigt
bleibt. Halten Sie die innere Unruhe aus, die ent-
stehen mag, wenn Sie nichts »Vernünftiges« tun.
Fürchten Sie sich nicht vor Ihren Gefühlen oder
dem Blick nach innen, letztendlich wird er Sie be-
reichern. Finden Sie zurück zur inneren Zuwen-
dung zu dem, was Sie tun, zu Sorgfalt und Bedäch-
tigkeit, zum vorsichtigen Umgang mit sich selbst,
ihren Mitmenschen, ihrer Umwelt. Sie werden fest-
stellen, daß Sie unter dieser Prämisse nicht so viel
erledigen können, wie Sie vorhaben. Aber das, was
Sie tun, wird Sie zufriedener machen.

Ähnlich problematisch erscheint die Konzentration
auf Äußerlichkeiten und Konsum. Wir streben in
endlosem Tun nach einem Maximum an Fitneß, Gesundheit, Karriere und Besitztümern in der Hoffnung, dann, wenn wir unser jeweiliges Ziel erreicht
haben, uns zufrieden und vor allen Dingen sicherer
zu fühlen. Dumm nur, daß immer genau in diesem
Augenblick ein neues Ziel am Horizont auftaucht,
das wir nun noch erreichen müssen. Es scheint nie genug zu sein, wir wollen immer noch mehr. Auch dahinter steht die Abwehr von Angst, der Wunsch nach
Kontrolle. Wenn wir uns genug abgesichert haben,
kann uns nichts mehr passieren – als besäßen wir
dann einen Zauberstab gegen ein unberechenbares

145

Schicksal. Insgeheim wissen wir natürlich, daß das nicht stimmt, aber nach dem kindlichen Motto: »Wenn ich nicht hinsehe, ist auch nichts da!« treibt uns dieses Unbehagen nur zu neuen strategischen Überlegungen. Das unaufhörliche Greifen, Fordern und Besitzenwollen symbolisiert den Wunsch, etwas »Bleibendes« zu schaffen oder, mit anderen Worten, ein Stück Unsterblichkeit zu erlangen.

Die einzig existierende Gewißheit ist aber, daß das Leben keine Sicherheit und Garantie bietet, daß nichts außer, so Gott will, unserer Seele unsterblich oder unvergänglich ist. Wir scheinen die falschen Werte zu kultivieren: statt unserer Seele unsere Hülle.

Die großen geistigen Lehrer der östlichen und westlichen Welt haben immer wieder auf die Notwendigkeit hingewiesen, unser psychisches und geistiges Potential kennenzulernen und zu erweitern. Dazu ist, wie für unsere körperliche Fitneß, Anleitung und beständiges Üben notwendig. So können sich mit der Zeit die Perspektiven auf Leben und Tod verändern und damit auch die gewählten Prioritäten. Ein Weg dorthin, neben möglichen anderen, ist die Meditation.

»Meditation findet zunehmend Anerkennung als eine Übung, die kulturelle und religiöse Grenzen überschreitet und die denen, die sie üben, einen direkten Kontakt mit der Wahrheit ihres Seins ermöglicht ... Normalerweise sind wir von unserem wahren Selbst abgelenkt ... Meditation ist der Weg, der uns zu uns selbst zurückführt und auf *dem wir – jenseits aller Gewohnheitsmuster – unser wahres Wesen erfahren und spüren können.«*

(Zitat aus Sogyal Rinpoche: Das tibetische Buch vom Leben und vom Sterben, S. 79)

Ob Sie Meditation wählen oder einen anderen Weg, der Ihnen gemäß erscheint, wie Entspannung oder Phantasiereisen, wichtig ist nur, daß Sie immer wieder einmal, am besten natürlich regelmäßig, Stille und Alleinsein suchen und Ihre Gedanken wegführen von Pflichten, Plänen und Konsum (also auch von TV, Radio etc.). Betrachten Sie es als Ihre Aufgabe, so wie Sie für Ihre Gesundheit, Ernährung und Fitneß sorgen, auch Ihre seelischen und geistigen Kräfte zu entfalten und zu pflegen.

Übertriebener Kult

Wir haben bei unseren Betrachtungen gesehen, daß der Mensch in unsicheren, unüberschaubaren Situationen oder Lebensphasen dazu neigt, mehr oder weniger sinnvolle rituelle Handlungen zu entwickeln, die ihm ein Gefühl von Ordnung und Kontrolle und damit Sicherheit vermitteln. In anhaltenden, sehr belastenden Krisen suchen manche Menschen darüber hinaus Zuflucht in Bezugssystemen, von denen sie sich Halt und Führung versprechen. Dies kann eine plötzliche fromme Befolgung strenger kirchlicher Regeln sein, aber auch der Anschluß an einen esoterischen Zirkel, einen Guru oder schlimmstenfalls eine Sekte. Allen gemeinsam ist häufig ein straffes Korsett von Regeln, Ordnungen und Ritualen, die genau eingehalten werden müssen. Sekten bezwecken damit nicht in erster Linie den Halt, den der einzelne dadurch erhält, sondern eine Ent-Individualisierung zugunsten der Gemeinschaft, was zunehmende Abhängigkeit erzeugt und den »Führern« große Macht sichert. Der übertriebene Kult gemeinsam ausgeführter vorgegebener Rituale dient hier nicht der Bewußtwerdung, sondern vielmehr der Unterdrückung von Ängsten und Zweifeln zugunsten blinden Gehorsams. Nicht selten werden zusätzliche Ängste durch Drohungen und Schuldzuweisungen raffiniert erzeugt, um die Vorgehensweisen besser rechtfertigen zu können. Der große zeitliche Aufwand und die Gleichmacherei bewirken eine Art »Gehirnwäsche« und einen unwiderstehlichen Sog, der jede Freiwilligkeit zunichte macht. Der krisengeschüttelte, labile Mensch ist sehr anfällig dafür, einem »höheren« gemeinsamen Ziel zu folgen und sein »niederes« Selbst, das ihm so viele Probleme bereitet, zurückzulassen, kann er so doch der individuellen Reifung und Auseinandersetzung entgehen. Ähnliche Strukturen findet man in einigen militärischen Ausbildungen, in radikalen Gruppierungen und nicht zuletzt in nationalsozialistischen Vereinigungen.

Selbst manche kirchlichen Systeme müssen sich einige dieser Vorwürfe gefallen lassen, haben sie doch immer wieder die Religion für ihre Machtansprüche mißbraucht und vor allem mit Schuld, Strafe und Sühne gearbeitet, um ihre Mitglieder zu erziehen und Ungläubige zu missionieren. Damit hat die Kirche nicht nur viele Menschen eher von der Religion entfernt, als sie ihnen nahezubringen, sondern ängstliche, unsichere Gläubige geradezu in einen Strudel neurotischer Schuldgefühle und Bußrituale gestürzt; ein Zustand, der in der Psychotherapie als »ekklesiogene Neurose« bekannt geworden ist. Dieses pathologische Schuldbewußtsein, das nicht dem biblischen Verständnis entspringt, führt zu einem sinnentleerten Einhalten kirchlicher Rituale, deren Wirkung, wie Vergebung oder Erlösung, nur kurzfristig anhält. Einen ähnlichen zweifelhaften Weg gehen viele »Sonntags-Christen«, die, ohne ihr Verhalten oder Leben jemals zu überdenken, stumpf kirchliche Regeln befolgen.

Es gibt viele Möglichkeiten, Rituale zu pervertieren, am häufigsten passiert dies aus einem mangelnden Bewußtsein über Funktion, Sinn und Zweck von Ritualen heraus. Den Auswüchsen begegnen wir ständig im täglichen Leben. Dies ist der Grund, warum viele Menschen sämtliche Rituale pauschal verurteilen und abschaffen möchten. Doch genau dadurch wächst die Gefahr, daß sie noch mehr in den unbewußten Schattenbereich gedrängt werden, von wo aus sie den bedürftigen Menschen erst recht auf unheile Wege führen können.

Bewußter sinngebender Umgang
mit Ritualen

Als ich kürzlich vor Ladenschluß ein Geschäft betrat, um eine Besorgung zu machen, hatten sich die Mitarbeiter, jeder mit einem Glas Sekt, um eine größere Anzahl brennender Kerzen versammelt. Auf meine Frage stellte sich heraus, daß sie den 50. Geburtstag der Besitzerin feierten. »Wissen Sie«, sagte diese zu mir, »diese Rituale sind doch wichtiger, als ich früher dachte. Sie gliedern das Jahr, und sie gliedern das Leben. Ich habe festgestellt, daß es diese Momente sind, an die man sich später erinnert, und man erlebt sie viel bewußter.«

Rituale schaffen also Bezug zu bestimmten Ereignissen und Situationen im Leben. Wir überblicken unsere eigene Biographie leichter, wenn es Punkte gibt, die dabei helfen, sie zu unterteilen. Dadurch schaffen Rituale auch Bezug zu unserer Vergangenheit und unserer Zukunft. Nicht nur Kinder stöbern gerne in alten Fotokisten und betrachten die Bilder der Taufen, Hochzeiten und Jahrestage ihrer Ahnen. Wie war das früher in unserer Familie, in unserer Stadt, in unserem Land? Wie wurde gefeiert, um wen getrauert? Und was werden wir weitergeben, wer wird sich an uns erinnern? Rituale stellen eine Beziehung her, nicht nur zur eigenen Familie, sondern auch zur Kultur und Geschichte unseres Lebensraumes. Dadurch erfahren wir Identität und Zugehörigkeit. Wie schon bei den Urvölkern, werden auch bei uns auf diese Art Traditionen, Gepflogenheiten und Geschichten überliefert und bewahrt. Wir wissen, wie unvollständig sich adoptierte und unehelich geborene Menschen fühlen können, die zu einem wichtigen Teil ihrer Vorgeschichte keinen Zugang haben. Oft sind sie ein Leben lang auf der Suche, um diese Defizite auszugleichen.

Über diesen noch halbwegs bekannten, wenn auch häufig nicht mehr geschätzten Zweck hinaus haben Rituale, wie wir in den vorangegangenen Kapiteln gesehen haben, einen viel tieferen Sinn und eine viel weitreichendere Funktion, als den meisten Menschen bewußt ist. Sie regeln nicht nur unseren Alltag in Form von Gewohnheiten, unsere Kommunikation und unseren Umgang untereinander durch unbewußte Botschaften, unser Familien- und Betriebsklima, sondern auch den Umgang mit uns selbst, unseren Gefühlen, unserem Glauben, unserer Lebensphilosophie.

Dieses Gerüst aus offiziellen oder »selbstgestrickten« Regeln scheint uns Halt, Orientierung und Sicherheit zu vermitteln. Dies wird besonders in dem Moment offensichtlich, wo der Mensch in eine Krise gerät, psychisch, geistig oder körperlich erkrankt oder eine verunsichernde Entwicklungsphase durchlaufen muß und verzweifelt versucht, sich ein Korsett zu schaffen, das ihn aufrecht hält. Die bei vielen daraus entstehende Starrheit und Unbeweglichkeit umfaßt in der Regel Körper und Geist und zeigt sich in unterschiedlichen Ausprägungen, auch in Muskelverspannungen, Kreuzbeschwerden und Bewegungseinschränkungen auf der körperlichen Ebene, sowie durch Sturheit, Rechthaberei und Festhalten an starren Prinzipien auf der geistigen Ebene. Diese inneren und äußeren Haltungen dienen also der Abwehr von Angst und Chaoserfahrungen und erschöpfen sich im eisernen Anklammern an sinnlosen Gewohnheiten.

Bedauerlicherweise geschehen diese Handlungen rituellen Charakters unbewußt und entsprechen nicht dem ursprünglichen Sinn von Ritualen, die zu einer Erweiterung des Bewußtseins und des Selbstbildes führen und nicht zu einer Einschränkung. Wir leben in einer Gesellschaft, deren Wertmaßstäbe fast ausschließlich durch materielle Dinge wie Geld, Besitz, Erfolg und Macht bestimmt sind, so daß Leistungsfähigkeit, Funktionalität und Effizienz gewünschte Eigenschaften sind, die unser Selbstbild dominieren sollen. Angst, Unsicherheit, Zweifel, Schwäche und Versagen werden nicht mehr als zu jedem Menschen gehörig akzeptiert, sondern als unzulänglich abgespalten, was zu einer Einschränkung der Selbstwahrnehmung führt. Da unser Selbst, als Wesenskern eines jeden Menschen, jedoch zu Weiterentwicklung und Vervollständigung drängt, verbraucht der Mensch immer mehr Kraft und Energie, um mit Hilfe seines Ordnungssystems sein einseitiges »Wunsch«-Selbstbild aufrechtzuerhalten. Schließlich stellen sich körperliche oder psychische Symptome ein, die ihn zwingen, sich mit seinen »Schatten«-Seiten zu konfrontieren. In der Psychotherapie wird versucht, mit

152

Hilfe von Gesprächen, Träumen, Bildern, gestalterischen Mitteln, Körper- und Wahrnehmungsübungen die ausgeklammerten, abgespaltenen Persönlichkeitsanteile zu integrieren. Die annehmende Haltung, die der Therapeut dabei einnimmt, baut dem Patienten die Brücke zu sich selbst: Langsam kann er lernen, daß auch seine Unvollkommenheiten und Unzulänglichkeiten akzeptabel sind, zu ihm gehören, ja erst einen vollständigen Menschen aus ihm machen.

Rituale, in ihrer Bedeutung richtig verstanden und erfahren, können Ähnliches bereits im Vorfeld leisten und so eine hervorragende Psycho-Prophylaxe darstellen. Sie können verhindern, daß sich diese Einseitigkeit bereits von Kindheit an immer mehr ausbildet. Indem sie die divergierenden Anteile der Persönlichkeit respektieren, widersprüchliche Gefühle als Realität menschlichen Seins anerkennen, fördern sie Toleranz und Flexibilität. Innerhalb des Rituals nimmt der Mensch verschiedene Standpunkte ein, er kann sein Problem aus unterschiedlichen Perspektiven betrachten, eine starre Haltung ist so nicht möglich, er muß beweglich bleiben. Sein Selbstbild und seine Wahrnehmung werden erweitert, er erlangt Stabilität aus der Integration und nicht aus der Verleugnung unerwünschter Gefühle. Durch das selbstverständliche Wissen um Rituale in einer Gemeinschaft verliert der einzelne das Gefühl persönlicher Unzulänglichkeit. Schon Kinder erfahren, daß auch Erwachsene Ängste und Zweifel haben, sich manchmal klein und schwach fühlen, gelegentlich feige sind oder versagen. Und daß dies ganz normal ist. In unserer Gesellschaft leben viele Menschen mit dem Gefühl, daß es nur ihnen so ergeht, während alle anderen selbstbewußt und lebenstüchtig sind. Rituale fordern Offenheit und Ehrlichkeit, mit sich selbst und mit anderen, »Fassadenkünstler« haben keine Chance. Sofern Offenheit nicht zum Exhibitionismus verkommt, ermöglicht sie echte Freundschaft und Mitmenschlichkeit in Form von Vertrauen und Verbundenheit, gegenseitigem Verständnis und Hilfsbereitschaft.

Wenn man bedenkt, wie viele Kontakte von Konkurrenzstreben und Mißtrauen geprägt sind, wie häufig in Partnerschaft und Freundschaft Qualität durch Quantität ersetzt wird, kann man ermessen, wie not uns ein neuer zwischenmenschlicher Bezug tut, um eine immer größere Vereinzelung und Vereinsamung zu verhindern.

Mit Ritualen wird versucht, eine Balance herzustellen zwischen verschiedenen Kräften, unterschiedlichen Blickwinkeln und Lebensformen. Dabei wird nicht eine Seite zugunsten der anderen hervorgehoben oder unterdrückt, sondern beide Seiten haben ihre Daseinsberechtigung. Das Ritual erfordert die Würdigung des jeweiligen Gegengewichts, der jeweiligen Gegenbewegung. Unsere festgelegten Vorstellungen von »gut« und »böse«, »richtig« und »falsch« können einer kaleidoskopischen Betrachtungsweise Platz machen, die uns erkennen läßt, daß das eine nur durch das andere existieren kann, daß sich Wahrheiten immer wieder neu zusammensetzen, daß unser Denken und Fühlen aus ungeahnten Facetten besteht.

Gleichzeitig können wir eine Sensibilität für unser

natürliches archetypisches Bedürfnis nach Ausgleich entwickeln, das uns wegführt von fordernder Selbstsucht, hin zu Verantwortung und einem Blick für überpersönliche Zusammenhänge. Nur so wird es uns langfristig gelingen, darauf zu verzichten, unseren Planeten und uns gegenseitig auszubeuten.

Rituale aktivieren und stärken unsere spirituellen und unsere Selbstheilungskräfte. Sie verlangen Zeit, Hinwendung und Konzentration, wodurch unsere psychische und geistige Kraft vermehrt wird und unser Leben an Qualität gewinnt.

Wir können lernen, unser Bewußtsein zu erweitern, unsere Gedanken wirklich positiv zu beeinflussen und uns zu entspannen.

Wenn man über Rituale spricht, begegnet man leicht einem naserümpfenden, altjüngferlichen Vorurteil, erwähnt man Gewohnheiten, erntet man augenzwinkernden Beifall. Rituale scheinen etwas Altmodisches, Anrüchiges zu besitzen. Sie klingen nach Zwang und militärischer Disziplin, nach Peinlichkeit und Unfreiheit. Gewohnheiten dagegen sind selbstverständlich, jedem bekannt und vertraut, bei einem selbst tröstend, bei anderen eher lästig. Dabei wird übersehen, daß nicht alle, aber viele unserer Gewohnheiten längst die Funktion, aber leider nicht die Wirkung von Ritualen übernommen haben. Durch dieses mangelnde Bewußtsein lassen wir ein großes psychisches Potential brachliegen, das uns dabei helfen könnte, mit uns selbst »ins reine« zu kommen.

Wie wir gesehen haben, ist es nicht nötig, überholte, verstaubte Rituale, die einem nichts mehr geben, wieder aufleben zu lassen. Vielmehr ist individuelle Kreativität gefragt, die ihren Ideenreichtum entfaltet, sobald das Bewußtsein dafür geweckt ist. Man kann ein ganz persönliches Ritual erfinden oder mutig Vorschläge für die Gemeinschaft entwickeln. Die Rituale können beständig sein oder immer wieder variiert werden. Vielleicht genügt es auch, unsere einsamen oder gemeinsamen Gewohnheiten ganz heimlich um die bisher ausgeklammerten Anteile echter Rituale zu erweitern.

Literatur

Alon, Ruthy: Rückenschmerzen, Paderborn 1993
Burgard, Roswitha: Mut zur Wut, Berlin 1988
Butollo, Willi: Die Angst ist eine Kraft, München 1984
Canacakis, Jorgos: Ich sehe Deine Tränen, Zürich 1987
Diamond, John: Die heilende Kraft der Emotionen, Freiburg 1987
Dörner, Klaus: Irren ist menschlich, Wunstorf 1980
Frankl, Victor: Das Leiden am sinnlosen Leben, Freiburg 1980
Frau, Handbuch 2, München 1990
Freud, Sigmund: Vorlesungen, Frankfurt a. M. 1977
Handbuch der gesunden Ernährung, München 1993
Hellinger, Bert: Ordnungen der Liebe, Heidelberg 1994
Hirschi, Gertrud: Yoga für Seele, Geist und Körper, Freiburg i. Br.
  1993
Herriger, Catherine: Die Kraft der Rituale, München 1993
Huth, Almuth u. Werner: Meditation, München 1989
Kast, Verena: Trauern, Stuttgart 1982
Mary, Michael: Wirklich lieben, Hamburg 1988
Minker, Margaret: Mit eigenen Augen sehen, München 1989
Müller, Jörg: Lebensängste und Begegnungen mit Gott, Stuttgart 1985
Obelin, Urs-Peter: Glücklich leben im Ruhestand, Genf 1984
Rapoport, Judith: Der Junge, der sich immer waschen mußte, München 1990
Riemann, Fritz: Grundformen der Angst, München 1992
ders.: Die Kunst des Alterns, Stuttgart 1983
Rinpoche, Sogyal: Das tibetische Buch vom Leben und Sterben, Bern/München [5]1993
Rossi, Ernest: 20 Minuten Pause, Paderborn 1993
Silva, Raymond: Magie in der Medizin, Genf 1975
Simonton, Carl u.a.: Wieder gesund werden, Reinbek b. Hamburg 1982
Stettbacher, Konrad: Wenn Leiden einen Sinn haben soll, Hamburg 1990
Stokvis, Berthold u. Eckart Wiesenhütter: Der Mensch in der Entspannung, Stuttgart 1971
Wieland-Burston, Joanne: Chaotische Gefühle, Zürich 1989
Wunderli, Jürg: Stirb und werde, Fellbach 1980

Quellennachweis

Aus folgenden Werken wurde mit freundlicher Genehmigung der genannten Verlage und Zeitschriftenredaktion zitiert:

Freud, Anna: Die Schriften der Anna Freud.
© 1980 Kindler Verlag, München

© Februar 1993 Psychologie heute, Weinheim, S. 25, H.B.

Simonton, Carl O., Stephanie M. Simonton und James Creighton:
Wieder gesund werden. Dt. Übersetzung: Modeste zur Nedden-Pferdekamp. © 1982 Rowohlt Verlag GmbH, Reinbek

Rinboche, Sogyal: Das tibetische Buch vom Leben und vom Sterben.
© Deutsche Rechte: O.W. Barth Verlag

2   3   4   5   99   98   97   96

© 1995 Kreuz Verlag AG Zürich, P.O.B. 245, CH-8034 Zürich
Umschlaggestaltung: Jürgen Reichert, Stuttgart
Umschlagillustrationen: Rotraut Susanne Berner, Heidelberg
Satz: Buch-Werkstatt GmbH, Bad Aibling
Druck und Bindung: Ebner Ulm
Printed in Germany
ISBN 3 268 00180 7

Eine augenzwinkernde Einführung in die Welt der Täuschung

Ohne Illusionen können wir nicht leben.
Aber Vorsicht! Selbsttäuschung kann gefährlich
werden.
Eine augenzwinkernde Einführung in die Welt der
Täuschung. Mit Übungen zur Selbsterfahrung.

Bernhard Geue
**Wie ich mir
die Wirklichkeit
zurechtbiege**
Wann Illusionen uns nützen
und wann sie schaden
*176 Seiten, Hardcover mit
farbigem Schutzumschlag*